LA CURE DE GÉNÉRATION ANXIEUSE

Un Guide Apaisant Pour Les Parents Paniqués Devenez L'Adulte Réglementé Qui Élève Des Enfants Réglementés

Madeline Armstrong

Publié aux États-Unis d'Amérique.

PRÉFACE

Je sais pourquoi vous avez pris ce livre.

Parce que vous en avez assez du bruit.

Fatigué de l'anxiété qui semble épaisse dans l'air.

Ce n'est pas seulement vos enfants qui paniquent.

C'est vous.

C'est moi.

Nous vivons dans une époque de haute alerte.

Peut-être avez-vous l'impression d'échouer.

Peut-être avez-vous lu tous les autres livres.

Et ils vous ont laissé un sentiment de culpabilité ou d'inadéquation.

Cela s'arrête ici.

Ce n'est pas un manuel rempli de règles impossibles.

C'est une conversation calme et stable.

Il s'agit de passer de la peur à la présence.

Il s'agit de comprendre la science simple et élégante qui gouverne tout comportement humain.

Nous allons commencer par vous.

Nous allons d'abord réguler l'adulte.

Parce qu'un adulte régulé est le plus grand cadeau que nous puissions faire à un enfant.

Prêt à respirer?

TABLE DES MATIÈRES

INTRODUCTION

LA VÉRITÉ CHOC SUR POURQUOI VOTRE MANUEL DE "PARENTAGE DOUX" CONTINUE D'ÉCHOUER (ET COMMENT LE CORRIGER INSTANTANÉMENT)

Il y a un chaos en cours en ce moment.

Il bourdonne sous la surface de chaque dîner en famille.

Il éclate lors de chaque discussion sur le temps d'écran.

Chaque transition ressemble à un champ de bataille.

Nous l'appelons « la génération anxieuse ».

Mais soyons honnêtes.

C'est les parents anxieux qui élèvent la génération anxieuse.

Non ?

Nous sommes épuisés. Nous sommes débordés. Nous nous sentons perpétuellement inadéquats. Le marché est saturé de guides de « parentage doux » et de cours de « discipline consciente ». Nous les lisons. Nous mémorisons les scripts. Nous nous disons, je serai patient. Je validerai leurs sentiments.

Puis, l'après-midi de mardi arrive.

Le sac à dos est jeté. Les devoirs sont refusés. Le frère ou la sœur est frappé. Le bruit escalade. Et soudain, votre stratégie parentale soigneusement construite se dissout. Vous entendez le cri s'échapper de votre gorge. Vous ressentez la déconnexion aiguë et froide du retrait.

On avait l'impression qu'une vague déferlante nous frappait.

Nous essayons d'être patients. Nous essayons d'être doux. Nous essayons d'être connectés. Puis notre propre système nerveux crie. Notre détecteur de menace physiologique s'active. Nous revenons à des réactions primales. Nous avons recours aux hurlements. Ou aux menaces. Ou au retrait. Et ensuite, la culpabilité paralysante et suffocante s'abat.

Je connais ce cycle intimement. Je l'ai vécu. J'ai coaché des milliers de parents à travers cela.

La vérité choquante est la suivante : ces manuels de parentalité - ceux qui parlent uniquement de ce qu'il faut dire à votre enfant - échouent parce qu'ils sautent l'étape la plus critique. Ils sautent la condition préalable. Ils supposent que vous, l'adulte, êtes déjà calme. Ils supposent que vous êtes régulé.

Vous ne l'êtes pas. Aucun de nous ne l'est, de manière cohérente.

Ce livre est votre rampe de sortie. Ce n'est pas un autre script à mémoriser. Il est construit sur une prémisse simple qui change tout : Nous devons guérir le système nerveux avant de pouvoir guérir le foyer.

Nous ne traitons pas d'un problème de comportement. Nous traitons d'un problème biologique.

Nous allons mélanger la neurosciences dure - la science élégante et simple de la sécurité - avec une profonde empathie sans jugement. Nous allons examiner pourquoi les choses se passent à l'intérieur de votre corps. Non seulement quoi faire lorsque cela se produit à l'extérieur du corps de votre enfant.

Vous avez déjà l'amour. Vous avez déjà l'intention. Ce qu'il vous manque, ce sont les outils biologiques pour rester présent quand la pression est forte.

Nous changeons entièrement le focus. Moins de concentration sur le contrôle de l'enfant. Plus de concentration sur la stabilization de l'adulte.

Parce que le comportement d'un enfant est toujours, toujours, un reflet de son état interne. Et leur état interne reflète toujours le signal de sécurité - ou son absence - venant de leur principal adulte de soins. Vous êtes leur ancre de sécurité. Vous devez être stable.

C'est un voyage vers devenir le refuge sûr dont vos enfants ont désespérément besoin. Le calme que vous cultivez en vous-même deviendra le calme qu'ils respirent dans votre foyer.

Commençons le travail essentiel de revenir à nous-mêmes.

CHAPTER ONE

LE PIÈGE DES PARENTS : DÉVOILÉ : POURQUOI VOTRE INQUIÉTUDE CONSTANTE EST LE SABOTEUR N°1 DE LA STABILITÉ DE VOTRE ENFANT

Ce bourdonnement constant d'appréhension. Le ressentez-vous?

C'est le troisième parent invisible dans chaque maison en ce moment. Nous l'appelons "l'inquiétude parentale". Mais le mot inquiétude est trop doux. C'est une panique chronique, de faible intensité. Elle s'installe dans vos épaules. Elle serre votre poitrine lorsque le téléphone de l'école sonne. Elle crie dans votre tête : Est-ce que je fais assez ? Mon enfant est-il en sécurité ?

Nous sommes câblés pour l'inquiétude. L'inquiétude est bonne. L'inquiétude vous fait attacher votre ceinture de sécurité. L'inquiétude vous aide à établir des limites. L'inquiétude est proactive, ancrée et temporaire. Elle fait le travail.

Ce avec quoi nous avons affaire aujourd'hui est fondamentalement différent. C'est une anxiété flottante. Elle n'a pas d'objet. C'est un système d'alarme bloqué en permanence sur le réglage "haute alerte". C'est épuisant. C'est drainant. Et c'est le plus grand obstacle au bien-être de votre enfant.

Comprenez cela profondément : votre système nerveux est le climat de votre foyer.

Lorsque vous arpentez votre maison constamment activé - attendant la prochaine crise, scrollant pour le prochain danger, ou vous réprimandant sur le dernier échec - vous projetez de l'instabilité. Vous transmettez du stress.

Les enfants sont des détecteurs radar émotionnels experts. Ils n'entendent pas les mots doux que vous utilisez lorsque vous paniquez. Ils ressentent la fréquence de votre peur. Ils ressentent la tension dans votre mâchoire. Ils absorbent les respirations rapides et courtes que vous prenez lorsque vous pensez cacher votre stress.

Ils apprennent à réguler, ou à dysréguler, en fonction de votre présence stable.

Si le contenant adulte est instable, l'enfant ne peut pas faire confiance à l'espace. Si l'adulte est constamment en mode combat ou fuite, l'enfant suppose que le monde doit être dangereux.

Nous avons essayé toutes les méthodes de discipline. Nous avons lu les scripts. Nous avons construit des tableaux d'autocollants. Rien de tout cela ne fonctionne si nous partons d'un endroit de chaos interne.

Le piège est de croire que vous devez d'abord fixer l'enfant.

La vérité est que vous devez d'abord réguler l'adulte.

Ce livre est dédié à vous aider à devenir l'adulte régulé. L'ancre stable. Le centre calme et chaleureux de la tempête.

Nous n'allons pas cesser de nous soucier de nos enfants. Nous allons arrêter de laisser la peur diriger le spectacle. Nous allons reprendre notre calme. Nous allons apprendre à prêter notre stabilité à nos enfants plutôt qu'à leur prêter notre anxiété.

Cette transition - de réacteur anxieux à régulateur stable - est le plus grand cadeau que vous puissiez offrir. Cela change tout.

LA SURCHARGE DU "CYCLE D'ACTUALITÉ DE 10 SECONDES" : COMMENT LA VIE MODERNE ÉPUISE VOTRE BATTERIE INTERNE (ET LE REDÉMARRAGE DE 1 MINUTE)

Nous sommes imbibés de bruit.

Le cycle de nouvelles était autrefois une fois par jour. Maintenant, il est continu. Il est implacable. Un million de données frappent votre cerveau avant votre première tasse de café.

Un titre défile. Une sirène hurle dehors. Votre fil montre un parfait inconnu atteignant un jalon parfait.

Votre cerveau traite tout cela de la même manière. C'est du stimulus. C'est de l'entrée. C'est du danger.

Votre système nerveux est conçu pour vous maintenir en vie. Lorsqu'il voit une entrée constante - même si ce n'est que numérique - il suppose qu'il y a une menace qui rôde à proximité. Il garde le système d'alerte en HAUT.

Vous fonctionnez en vigilance chronique.

L'adrénaline s'écoule plutôt que de se précipiter. Le cortisol stagne plutôt que de se dissiper. Vous devenez hyper-vigilant. Irritable. Prêt à craquer.

C'est l'état que nous appelons « fatigué ».

Mais ce n'est pas de la simple fatigue. C'est une déplétion biologique profonde. Votre batterie interne recherche toujours une recharge, mais vous continuez à la brancher dans le chaos.

Alors votre enfant fait quelque chose de parfaitement normal - peut-être qu'il pleure, peut-être qu'il se plaint - et votre système déjà à son maximum traite ce son comme la dernière cloche d'alarme.

Vous sautez de zéro à cent instantanément. Pourquoi ? Parce que vous n'étiez jamais à zéro pour commencer. Vous étiez perpétuellement à soixante.

La vigilance chronique est l'ennemi de la patience. Vous ne pouvez pas être stable lorsque votre paysage intérieur vibre constamment avec une peur invisible.

Cela s'arrête maintenant.

Nous avons besoin d'une réinitialisation complète. Un moment pour abandonner le poids numérique et revenir au monde physique.

Le redémarrage d'une minute est votre interrupteur de puissance.

Tout d'abord, identifiez la source numérique qui alimente la frénésie. Le téléphone. L'ordinateur portable. L'écran de télévision. Éloignez-vous de cela. Physiquement. Mettez-le dans une autre pièce.

Deuxièmement, engagez vos sens. Regardez autour de la pièce où vous vous trouvez. Nommez cinq choses que vous voyez. Lentement. À voix haute ou en chuchotant.

Troisièmement, prenez une profonde respiration audible. Pas une inspiration. Une expiration. Laissez le son emporter la tension.

Vous venez de signaler à votre nerf vagal : Je suis en sécurité. La menace n'est pas ici.

Une minute. C'est tout le temps nécessaire pour rompre le cycle de haute alerte et reprendre le moment présent. Faites cela souvent. Interrompez l'alimentation constante. Offrez à votre système un véritable moment de repos. Rechargez la batterie avant la prochaine interaction.

Votre paix est la stabilité de vos enfants. Protégez-la avec ferveur.

AVERTISSEMENT : LA BOUCLE CULPABILITÉ-HONTE QUI VOUS BLOQUE (ET LES 3 ÉTAPES VERS VOTRE PERMISSION ÉMOTIONNELLE)

Vous connaissez ce sentiment.

C'est le résidu silencieux et toxique qui reste après un moment d'échec parental. Peut-être que vous avez crié à propos du lait renversé. Peut-être que vous avez fait le traitement silencieux quand ils ont résisté à l'heure du coucher. L'incident est terminé, mais l'écho demeure. Cette conviction profonde et viscérale : Je leur fais défaut.

Ce n'est pas un regret utile. C'est la boucle culpabilité-honte.

La culpabilité dit : "J'ai fait quelque chose de mal." La culpabilité est utile. Elle vous guide vers des réparations. La honte dit : "Je suis mauvais." La honte est paralysante. Elle est hautement dysrégulatrice, et lorsque vous êtes inondé de honte, votre système nerveux claque la porte. Vous ne pouvez pas vous connecter, vous ne pouvez pas réparer, et vous ne pouvez certainement pas réguler votre enfant lorsque vous êtes figé dans le jugement de soi.

Nous traitons cette honte comme une motivation. Nous pensons que si nous nous punissons suffisamment, nous ferons mieux la prochaine fois. Nous ne le ferons pas. La honte ne vous enseigne qu'une seule chose : vous cacher.

La chose la plus compatissante et puissante que vous puissiez faire pour vos enfants est de vous libérer de cette boucle. Vous devez vous accorder une permission émotionnelle d'être imparfait.

Voici les trois étapes pour déchirer cette permission :

1. Le Moment de l'Observateur : Nommez l'Émotion sans Jugement.

Cessez de tenter de raisonner la sensation. Nommez simplement la sensation. Lorsque cette sensation chaude et piquante d'échec surgit, n'essayez pas immédiatement de corriger la situation ou vous-même. Observez simplement : Ah. C'est de la honte. Je me sens tendu dans ma poitrine. J'entends ce vieux discours se répéter. En le nommant, vous créez de l'espace entre vous et l'émotion. Vous devenez l'observateur, pas la victime. Cette action de 10 secondes interrompt la spirale immédiate.

2. Reconnaître le Déclencheur Biologique.

Rappelez-vous que votre réaction—les cris, les répliques, le retrait—n'était pas un échec moral. C'était une réponse de votre système nerveux. C'était le câblage ancien de votre cerveau percevant une menace (le chaos, la défiance, la fatigue) et vous plongeant dans un état de défense. Dites cela à vous-même : Ma réaction était enracinée dans l'épuisement, pas dans la malice. Mon cerveau adulte a été détourné. Mon système a surchargé. Cela dépersonnalise la faute et permet à votre cerveau supérieur de revenir en ligne. Vous pardonnez au système afin que le soi puisse guérir.

3. Prioriser l'Auto-Compassion Radical et la Réparation Immédiate.

Votre devoir le plus élevé après une erreur n'est pas la flagellation personnelle ; c'est la réparation. Vous ne pouvez pas réparer avec votre enfant tant que vous ne vous êtes pas réparé vous-même. Faites-vous la gentillesse que vous offririez à un meilleur ami dans la même situation. Utilisez la permission émotionnelle : Je me donne la permission d'être un être humain, ce qui signifie que je ferai des erreurs. J'accepte cela comme faisant partie de mon humanité, et je vais maintenant tourner mon attention vers l'extérieur. Il ne s'agit pas d'ignorer l'incident. Il s'agit de ne pas gaspiller d'énergie précieuse de régulation sur une honte punitive et inutile. Prenez une profonde respiration, trouvez vos pieds sur le sol et pivotez immédiatement vers votre enfant pour rétablir la connexion. C'est la seule issue de la boucle.

LE PRÉREQUIS BIOLOGIQUE UNIQUE DONT VOTRE ENFANT A BESOIN PLUS QUE DE DISCIPLINE (INDICE : CE N'EST PAS L'AMOUR)

Nous parlons constamment d'amour. Nous croyons que l'amour est la réponse à tout. Il est essentiel, oui. Mais biologiquement, l'amour n'est pas suffisant.

Le seul prérequis non négociable dont votre enfant a besoin est un sentiment de sécurité omniprésent et ressenti.

Le système nerveux de votre enfant est le système de sécurité le plus ancien et sophistiqué jamais conçu. Sa seule fonction ininterrompue est la survie. Il scanne constamment l'environnement—le son de votre voix, la tension dans vos épaules, la rapidité de vos mouvements—pour répondre à une question critique : Suis-je en sécurité ici ?

Si la réponse est moins qu'un oui retentissant, le système annule toutes les autres fonctions.

Il ne se soucie pas de la conformité. Il ne se soucie pas des corvées. Il ne se soucie pas qu'ils viennent de lancer leur sandwich à travers la pièce.

Si le système nerveux enregistre un danger—et rappelez-vous, la frustration parentale ou les cris sont perçus comme une menace sociale profonde—la partie sophistiquée du cerveau qui gère la coopération, la planification et la régulation émotionnelle passe instantanément hors ligne.

Vous ne pouvez pas discipliner ou enseigner avec succès un enfant qui fonctionne dans un état de défense biologique. Vous êtes en train de faire un discours à un mécanisme de survie. Il n'écoutera pas.

C'est la distinction clé que nous manquons : La discipline et la communication efficace ne deviennent possibles qu'une fois que le système nerveux de l'enfant est régulé.

La régulation vient en premier. La sécurité est la fondation. Tout le reste est construit sur cette stabilité interne et silencieuse. Notre travail, par conséquent, commence par créer cette sécurité, en commençant par l'endroit le plus sûr de tous : le calme du parent.

LE PROTOCOLE SILENCIEUX QUI ARRÊTE INSTANTANÉMENT LES CRISES DE PANIQUE LORSQUE VOTRE ENFANT EXPLOSE

Votre enfant est en crise. Le volume est assourdissant. L'air semble électrique et chargé.

Votre premier instinct biologique est la panique. Il crie : Intervenez ! Réparez cela ! Faites cesser le bruit ! Votre système nerveux sympathique crie à vous de réagir. Votre poitrine se serre. Vous ressentez la pression familière et nauséabonde de l'échec.

C'est là que vous exécutez le Protocole Silencieux.

C'est simple. C'est radical. C'est l'outil le plus efficace que vous apprendrez.

Le protocole est le suivant : Lorsque le chaos éclate, votre première responsabilité n'est pas le comportement de votre enfant. C'est votre propre corps.

Vous avez explicitement la permission, en ce moment, d'arrêter l'action et de vous réguler. Avant de dire un mot. Avant de vous déplacer vers eux. Avant d'essayer de rassurer, de corriger ou de distraire.

Vous avez le droit de faire une pause. Vous êtes obligé de faire une pause.

Vous devez devenir le conteneur sûr avant de pouvoir mettre le contenu à l'intérieur. Un adulte régulé est la plus grande ressource possible pour un enfant dysrégulé. Si vous êtes en train de monter en pression, ils vont seulement monter encore plus. Si vous paniquez, vous paniquez ensemble.

Arrêtez d'essayer de soutenir la maison tout en vous tenant sur de la gélatine.

Le Protocole Silencieux est le moment où vous déclarez intérieurement : Je fais passer ma propre respiration stable en priorité. Je mets mes pieds fermement sur le sol. Je laisse tomber mes épaules. Je permets à la panique de passer à travers moi avant d'ouvrir la bouche.

Ce n'est pas égoïste. C'est un parentage essentiel.

Il vous accorde la distance nécessaire pour observer la situation au lieu de vous noyer dans l'émotion. Il vous donne le pouvoir de choisir la connexion plutôt que le contrôle.

Faites une profonde respiration. Laissez-la sortir. Vous n'avez pas à les réparer instantanément. Vous devez seulement vous stabiliser d'abord. C'est la sortie de la boucle d'anxiété. C'est votre soulagement.

CHAPTER TWO

LE SCHÉMA DE CÂBLAGE CACHÉ : DÉCODER LA RÉACTION DE VOTRE PROPRE CERVEAU AVANT DE PARLER À VOTRE ENFANT

La partie la plus difficile de vouloir être un parent calme est à quel point vous perdez rapidement cette capacité dès qu'un défi se présente.

Vous lisez les livres. Vous méditez. Vous vous promettez d'utiliser votre voix douce.

Puis le jus se renverse. La dispute entre frères et sœurs s'intensifie. Votre adolescent vous lance ce regard silencieux et irrespectueux.

Et soudain, une autre personne répond. Cette personne crie. Cette personne claque une porte. Cette personne se retire dans un silence complet, ignorant totalement le chaos.

Qui est cette personne ?

Ce n'est pas la personne que vous voulez être. C'est la personne câblée pour la survie.

Jusqu'à présent, vous avez probablement considéré cette réaction comme un défaut de caractère, un échec de volonté. Nous avons tendance à moraliser nos réponses physiologiques : "Je devrais être plus patient." "Je suis un mauvais parent parce que j'ai crié."

Nous devons changer le récit. Votre réaction n'est pas un échec moral. C'est un impératif biologique fonctionnant avec un logiciel dépassé.

Votre corps n'est pas conçu pour les nuances de la parentalité douce moderne. Il est conçu pour éviter les tigres à dents de sabre.

Nous devons comprendre ce fait biologique si nous voulons un changement durable. Nous devons devenir fluents dans le langage de notre propre système nerveux.

La neurosciences appelle cette compréhension cruciale la Théorie Polyvagale (TPV). Vous n'avez pas besoin d'un doctorat pour la maîtriser. Vous devez simplement comprendre trois états de sécurité fondamentaux qui régissent chaque interaction que vous avez avec votre enfant.

Pensez à votre système nerveux comme le garde de sécurité constant et invisible de votre corps. Ce garde scanne toujours l'environnement, décidant une chose : Suis-je assez en sécurité pour me connecter, ou dois-je me défendre ?

Lorsque votre enfant est désobéissant ou bouleversé, votre garde de sécurité interne ne voit pas un petit enfant luttant avec de grandes émotions. Il voit une menace pour la stabilité de la tribu. Il voit le danger. Et il déploie l'un de ses trois protocoles d'urgence.

Si vous ne lisez pas le schéma électrique caché de votre propre cerveau, vous serez toujours réactif. Vous serez toujours conduit par la peur, pas par l'intention.

Ce chapitre est votre clé. Il révèle la carte de votre vie intérieure. Lorsque vous savez où vous êtes sur la carte - quel état vous êtes en train de fonctionner - vous pouvez choisir votre destination. Vous pouvez choisir le calme.

Le but est simple : Avant de parler à votre enfant, vous devez d'abord lire votre propre état physiologique. Vous devez réguler l'adulte. Parce qu'un parent déclenché ne peut pas apaiser un enfant déclenché.

Allumons les lumières et examinons le câblage.

RÉVÉLÉ : LA "PÉDALE DE FREIN" CACHÉE DANS VOTRE POITRINE QUI ARRÊTE LES CRISES PARENTALES NETTES.

Vous connaissez ce sentiment. La chaleur qui monte dans votre cou. Le nœud serré dans votre estomac. C'est votre système qui appuie sur l'accélérateur. Votre réponse au stress se met en place. Vous vous sentez hors de contrôle.

Et si je vous disais qu'il existe une pédale de frein fiable ? Elle est intégrée dans votre corps. Elle est toujours là.

Elle s'appelle le nerf vague. (Prononcé Vay-gus).

Il s'agit du nerf le plus long du corps humain. Pensez-y comme une autoroute massive à deux voies. Il commence dans le tronc cérébral. Il descend à travers votre gorge et votre poitrine. Il se connecte à votre cœur, vos poumons et votre intestin.

Ce nerf est votre régulateur principal. C'est le mécanisme central du Système Nerveux Parasympathique. C'est le système responsable du "repos et de la digestion".

Le nerf vague prend constamment des mesures. Il évalue la sécurité de votre environnement. La pièce est-elle calme ? Le niveau de bruit est-il acceptable ? Le visage de la personne qui me regarde est-il amical ?

Si le nerf vague détecte la sécurité, il envoie le signal apaisant. Il dit à votre cœur de ralentir. Il dit à votre respiration de s'approfondir. Il dit à vos muscles de se détendre.

Lorsque vous êtes déclenché par un enfant qui crie, le nerf vague est momentanément supprimé. Votre mécanisme de "combat ou fuite" prend le relais.

Notre travail en tant que parents régulés est d'appuyer intentionnellement sur ce frein. Nous devons réactiver le nerf vague. Nous annulerons la panique automatique.

Lorsque vous apprenez à stimuler ce nerf, vous créez un calme physiologique immédiat. Vous arrêtez la crise interne net. Vous devenez instantanément présent. Vous accédez à votre sagesse.

La sagesse ne se trouve pas dans votre cerveau. Elle se trouve dans le flux régulé entre votre cerveau et votre corps. Le nerf vague est le point de connexion. Apprenez à l'utiliser, et vous possédez l'outil ultime de la parentalité. C'est le prérequis physiologique pour chaque interaction réussie.

LES 3 PIÈGES PHYSIOLOGIQUES QUI FONT DE VOUS LE PARENT QUE VOUS JURIEZ DE NE JAMAIS ÊTRE (IDENTIFIEZ LE VÔTRE MAINTENANT)

Nous devons cesser de penser que la réaction parentale est un échec moral conscient. Ce n'est pas le cas. C'est une biologie ancienne qui prend le dessus. Lorsque la cocotte-minute explose - lorsque l'enfant jette la nourriture, lorsque l'adolescent roule des yeux - votre système nerveux choisit instantanément l'une de trois stratégies défensives.

Ce sont les trois pièges physiologiques qui détournent votre cortex préfrontal, contournent votre manuel de parentalité douce, et vous transforment en la personne réactive que vous juriez de ne jamais devenir.

Votre première tâche est simplement d'identifier quel piège est votre défaut par défaut.

PIÈGE 1 : LA RÉACTION DE COMBAT (Le Rugissement)

C'est une activation sympathique pure. Votre alarme de sécurité interne a décidé que le moyen le plus rapide de sortir de ce chaos est par la domination et le contrôle.

Comment cela se manifeste dans la parentalité :

Vous criez. Immédiatement.

Votre voix devient aiguë, exigeante et tranchante.

Vous pourriez ressentir de la chaleur physique, un visage rougi ou une mâchoire serrée.

Vous commencez à pointer du doigt ou à utiliser un langage sévère et punitif.

Vous ressentez un besoin intense que l'enfant se soumette immédiatement.

Vous tentez de contrôler l'environnement en surpassant la menace perçue (la désobéissance de l'enfant).

Si vous êtes un parent qui lutte avec un tempérament rapide ou se sent intensément en colère et exige immédiatement de la conformité, c'est votre défaut biologique.

PIÈGE 2 : LA RÉACTION D'EXODE (L'Évasion)

Cette réponse est également motivée par l'énergie sympathique, mais au lieu de confronter la menace, le système cherche une distance rapide. L'anxiété accablante rend l'environnement toxique.

Comment cela se manifeste dans la parentalité :

Vous vous retirez physiquement, claquant la porte ou vous dirigeant vers une autre pièce.

Vous vous inquiétez excessivement, devenant le 'parent hélicoptère' qui planifie, programme et micromanage constamment pour empêcher que des choses mauvaises se produisent.

Vous évitez les conflits nécessaires, cédant trop facilement juste pour rétablir le calme.

Vous vous sentez anxieux, avec la poitrine serrée, et dans un état de panique à propos de l'avenir (Vont-ils échouer ? Ce comportement est-il permanent ?).

Vous essayez d'échapper à l'intensité émotionnelle du moment présent.

Si vous êtes un parent qui se sent constamment stressé, dépassé, et souhaite pouvoir se cacher jusqu'à l'âge de 18 ans, c'est probablement votre défaut biologique.

PIÈGE 3 : LA RÉACTION D'IMMOBILISATION (L'Arrêt)

C'est le piège le plus mal compris. C'est un frein dorsal vague complet - une conservation totale de l'énergie. Votre système croit que la confrontation ou l'évasion est impossible, alors il choisit de faire le mort.

Comment cela se manifeste dans la parentalité :

Vous vous taisez. Vous regardez dans le vide.

Votre corps se sent lourd, engourdi ou paralysé. Vous ne pouvez littéralement pas intervenir.

Vous vous déconnectez émotionnellement pendant une crise, atteignant peut-être votre téléphone ou vous laissant happer par la télévision pendant que le chaos règne autour de vous.

Vous vous sentez totalement impuissant et sans espoir.

Votre voix devient monotone ou disparaît complètement. Vous n'avez plus rien à donner.

Si vous êtes un parent qui ressent des périodes de profonde engourdissement, de paralysie en cas de conflit, ou qui se retire complètement lorsque les enfants deviennent bruyants, c'est votre défaut biologique.

Comprendre votre piège principal est le point de pivot. C'est le moment où vous cessez de vous blâmer pour "avoir échoué à être patient" et commencez à voir votre réaction comme un événement biologique prévisible. Cet événement peut être géré.

Quel est votre piège ? Nommez-le. Écrivez-le. Cette prise de conscience est votre première étape vers la régulation.

COMMENT TROUVER VOTRE OASIS INTÉRIEURE : UNE TECHNIQUE DE 60 SECONDES POUR VOUS ANCRER EN PLEINE TEMPÊTE FAMILIALE.

Lorsque la crise éclate - un enfant qui crie, un regard désobéissant, une montée subite d'anxiété - votre système nerveux veut instantanément trouver une solution externe ou une échappatoire externe. Mais le chemin le plus rapide vers le calme n'est généralement pas à travers l'environnement ; il revient directement vers votre propre paysage intérieur. Nous avons besoin d'installer un point d'ancrage, un endroit de sécurité auquel vous pouvez accéder indépendamment de la tempête extérieure.

C'est un exercice de ressource intérieure de soixante secondes.

Tout d'abord, arrêtez d'essayer de résoudre le problème externe pendant un instant. Accordez-vous trois respirations profondes et intentionnelles. Fermez les yeux, même si ce n'est que pour un clin d'œil.

Maintenant, au lieu de vous concentrer sur le bruit, je veux que vous dirigiez votre attention vers l'intérieur et que vous localisiez un moment, n'importe quel moment, où vous vous êtes senti profondément en sécurité, stable et protégé. Cela ne doit pas être un événement marquant de la vie. Cela pourrait être la sensation d'une couverture chaude, un matin calme avant l'aube, ou l'odeur de la pluie. Accédez au souvenir qui signifie un vrai confort inconditionnel.

Ne vous arrêtez pas au souvenir en lui-même. Allez plus loin.

Lorsque vous vous rappelez ce sentiment de sécurité, où cela vit-il dans votre corps ? Ce sentiment de paix a toujours une signature physique. Concentrez-vous sur son emplacement maintenant.

Votre poitrine se sent-elle ouverte, expansive et chaude ? Cette sensation est votre ancre.

Ressentez-vous un poids profond et lourd dans vos hanches et vos pieds, une sensation d'être absolument ancré au sol ? Cette stabilité est votre ressource.

Y a-t-il un espace doux et calme derrière votre cage thoracique, un endroit où la tension semble se dissoudre ? Respirez dans cet espace.

Votre oasis intérieure est cet endroit physique où réside un véritable calme. Cela pourrait être une chaleur dans votre ventre, une mâchoire détendue, ou une sensation d'espace autour de votre cœur. Ce n'est pas un calme fabriqué ; c'est une sécurité retrouvée.

Au moment où le chaos frappe, vous allez arrêter la réaction immédiate et instantanément demander à votre esprit de trouver cette signature physique. Au lieu de dire : "Je dois contrôler cet enfant," vous dites mentalement : "Je dois localiser la douceur dans ma poitrine."

Inspirez une fois, en dirigeant votre attention directement vers ce point d'ancrage physique pendant soixante secondes. Vous empruntez littéralement ce sentiment de régulation à votre mémoire de ressource et le prêtez à votre moi activé actuel. Vous créez une île de sécurité interne et portable que rien de l'extérieur ne peut jamais franchir. Utilisez cette connexion sensorielle à vous-même comme fondation pour votre prochaine interaction.

DÉCOUVERT : LES 5 'MICRO-MOMENTS' INVISIBLES QUE VOUS DEVEZ TISSER DANS VOTRE JOURNÉE POUR RESTER INÉBRANLABLE

Nous sabotons souvent nos propres tentatives de régulation en concevant des routines qui nécessitent trente minutes de solitude ininterrompue. Si vous êtes parent, vous savez que c'est une fantasy.

La régulation ne concerne pas les réformes. Elle concerne des microdoses de sécurité cohérentes et minuscules. Ces cinq micro-moments sont l'armure invisible que vous pouvez tisser dans le tissu de votre journée la plus chargée. Ce sont des actes simples qui signalent à votre nerf vague : "Je suis en sécurité. J'ai le temps."

1. Le Reset de Gorgée Froide

Gardez un verre d'eau glacée à proximité. Lorsque vous ressentez une montée de frustration—celle qui fait que vos épaules se tendent—prenez une gorgée lente et délibérée d'eau froide. Le changement soudain de température dans votre bouche et votre gorge stimule brièvement le nerf vague. C'est un choc interne instantané qui force une pause physiologique. Utilisez-le après avoir raccroché un appel téléphonique tendu ou avant de commencer à faire la vaisselle. Cela prend deux secondes. Ça fonctionne.

2. Le Bourdonnement Auditif

Le nerf vague passe près des cordes vocales. Les vibrations de basse fréquence sont profondément apaisantes. Quand vous faites la queue, que vous attendez le micro-ondes, ou que vous êtes bloqué dans les embouteillages, humer. Un profond "mmmmmm" que vous sentez légèrement vibrer dans votre poitrine. Vous n'avez pas besoin de faire du bruit ; vous pouvez le faire avec les lèvres fermées. Ce ton léger du nerf vague envoie un message direct de calme de votre gorge à votre cerveau.

3. L'Horizon de 5 Secondes

La vie moderne nous garde concentrés sur les écrans, les piles de linge, et les petits problèmes immédiats. Cela garde notre système nerveux hyper concentré et activé. Plusieurs fois par jour, levez les yeux. Regardez loin. Regardez par une fenêtre ou au bout du couloir jusqu'au point le plus éloigné que vous pouvez voir. Maintenez ce regard pendant cinq secondes. Cela élargit votre champ de vision, signalant à votre cerveau ancien que la menace immédiate (celle juste devant vous) n'est pas tout ce qui existe. C'est un changement littéral de perspective.

4. L'Ancre du Pied au Sol

Chaque fois que vous vous asseyez, avant de faire quoi que ce soit d'autre, appuyez intentionnellement vos deux pieds fermement dans le sol.

Sentez le sol sous vous. Remarquez la texture, la pression, la solidité. L'anxiété nous fait sortir de nos corps et entrer dans nos esprits. La mise à la terre nous ramène. Si vous êtes assis en lisant ceci, faites-le maintenant. Enfoncez vos pieds. C'est une ancre sensorielle immédiate et stabilisante que vous pouvez utiliser 50 fois par jour.

5. Le Protocole de Frottement du Poignet

Une pression profonde, lente et intentionnelle est une forme puissante d'auto-apaisement. Lorsque vous vous brossez les dents, que vous attendez que la bouilloire chauffe, ou que vous marchez simplement, frottez lentement l'intérieur d'un poignet avec deux doigts de l'autre main. C'est un toucher subtil qui apaise et qui est facile à dissimuler. C'est une façon de dire : "Je suis ici avec toi," à votre propre corps. C'est la présence physique et apaisante que vous donnez souvent à votre enfant, mais dirigée vers l'intérieur.

La clé de ces micro-moments est de les attacher à des actions que vous effectuez déjà. Ce ne sont pas une chose de plus à retenir ; c'est un changement subtil dans la façon dont vous habitez votre corps durant les moments qui existent déjà. La cohérence, même par intervalles de deux secondes, change la ligne de base de votre système nerveux.

CHAPTER THREE

★-★-★

L'ART DE LA PAUSE : LE MÉCANISME DE CONTRÔLE DE SOI INSTANTANÉ QUI VOUS FAIT PASSER DE CRIER À LA SAGESSE EN 3 SECONDES

Le déclencheur frappe.

C'est rapide.

C'est une flamme de chaleur dans votre poitrine.

C'est la prise soudaine dans votre mâchoire.

Votre enfant vient de renverser le jus.

Ils ont crié "Non" une fois de trop.

Le système nerveux n'attend pas de permission.

Il réagit instantanément.

Il fait basculer votre pied sur l'accélérateur.

Vous êtes en mouvement avant que votre cerveau conscient n'ait pu former une pensée complète.

C'est le détournement.

C'est le défaut biologique.

Vous voulez désespérément arrêter cette trajectoire.

Vous voulez interrompre le cri.

Vous voulez choisir la patience plutôt que la panique.

Mais le commutateur est trop rapide.

Le mouvement est trop grand.

Nous avons besoin d'un frein d'urgence.

Nous avons besoin d'un mécanisme de contrôle de soi si simple, si instantané, qu'il peut outrepasser la biologie de la panique.

C'est l'art de la pause.

Ce n'est pas le silence.

Ce n'est pas l'inaction.

C'est un changement dans l'attention intérieure.

C'est l'espace microscopique entre le déclencheur (le jus renversé) et votre action (l'explosion verbale).

Cet espace est où vit la liberté.

Nous allons apprendre à revendiquer ces trois secondes.

Trois secondes d'immobilité intentionnelle.

Trois secondes pour passer de la réaction programmée au choix conscient.

Votre régulation n'est pas un luxe.

C'est l'outil.

C'est le préalable à toute sagesse qui suit.

Prêt à arrêter la course ?

La sagesse vous attend de l'autre côté de la pause.

LE PROTOCOLE DE 3 SECONDES : COMMENT DÉTOURNER LE SYSTÈME DE DÉCLENCHEURS ÉMOTIONNELS DE VOTRE CERVEAU AVANT QUE LE CHAOS N'ECLATE

Vous connaissez l'instant. Ce flash familier et terrifiant qui se produit lorsque votre enfant passe d'un léger agacement à un véritable effondrement.

Ça arrive vite.

La défiance d'un enfant—une poussée soudaine, un mot cruel, un regard défiant—est un déclencheur biologique parfait. Votre propre système nerveux l'interprète instantanément comme une menace pour votre sécurité, votre autorité, ou votre contrôle.

Dans une fraction de seconde, votre cerveau émotionnel a déjà envoyé le signal : Combattez !

Avant même que vous puissiez formuler une pensée rationnelle, vous êtes déjà en mouvement. Vous vous penchez en avant. Votre voix est déjà plus aiguë, plus tranchante. Vous êtes sur le point de devenir le parent que vous avez promis de ne pas être.

Nous avons besoin d'un coin. Nous avons besoin d'un disjoncteur.

C'est le but du Protocole de 3 Secondes. C'est une trêve biologique obligatoire. Vous ne répondez pas à l'enfant tant que vous n'avez pas complété cette séquence en trois étapes.

Votre première réponse doit toujours être l'auto-régulation. Pas la réponse.

Si vous passez cela, vous fonctionnez sur l'instinct primal. Si vous l'utilisez, vous opérez à partir de la sagesse.

Première étape : Ancrez Vos Pieds.

La première réponse physique à l'activation est de se sentir lâche, flottant, et prêt à s'enfuir ou à se battre. Vous devez contrecarrer cela immédiatement. Arrêtez de bouger. Où que vous soyez, figez-vous. Si vous êtes debout, plantez les deux pieds fermement au sol. Remuez vos orteils dans vos chaussures. Sentez le poids de votre corps qui s'ancre en bas.

A cet acte physique simple, votre système nerveux répond : Je suis ancré. Je suis soutenu. Je ne cours pas. Cela interromp l'activation physique.

Deuxième seconde : L'expiration complète.

Quand nous sommes stressés, notre respiration devient courte, superficielle, et haute dans la poitrine. Cela signale un danger. Vous allez immédiatement ignorer ce signal avec une expiration intentionnelle, lente et complète.

Vous n'avez pas besoin de prendre une grande inspiration d'abord. Poussez simplement l'air dehors. Sifflez-le si nécessaire. Laissez vos épaules relâchées. Laissez votre ventre se détendre.

Une expiration lente stimule directement le nerf vague, dont nous avons parlé plus tôt. C'est la façon la plus rapide et la plus simple de signaler le centre de sécurité de votre cerveau : La menace est minimale. Je peux me détendre. C'est votre pédale de frein en action. Utilisez-la.

Deuxième seconde : Nommez-le.

Après avoir ancré votre corps et libéré l'air, vous avez créé un petit espace. Dans cet espace, vous effectuez une tâche cognitive cruciale : Vous nommez le sentiment que vous ressentez actuellement.

Faites-le silencieusement.

Je ressens une intense frustration.

Je me sens irrespecté.

Je ressens de la panique parce que je ne sais pas quoi faire.

En nommant l'émotion, vous engagez le cortex préfrontal - la partie pensante, rationnelle et sage de votre cerveau. Vous transformez le sentiment d'une réaction bouillonnante et amorphe en un objet identifiable et gérable. Vous ne subissez plus la colère ; vous obsevez la colère.

Ce n'est qu'une fois que vous avez complété les trois secondes - pieds ancrés, respiration relâchée, sentiment nommé - que vous êtes autorisé à ouvrir votre bouche et à répondre à votre enfant.

Trois secondes, c'est tout ce qu'il faut pour contrecarrer le système de déclenchement émotionnel. C'est l'investissement le plus court et le plus puissant que vous pourrez jamais faire pour votre paix. Pratiquez-le chaque fois que la tension monte. Cela deviendra automatique. Vous changerez votre habitude de réaction à intention.

L'ARME SECRÈTE DES COMMUNICATEURS D'ÉLITE : COMMENT SIMPLEMENT NOMMER VOTRE COLÈRE DIFFUSE 80% DE SON POUVOIR

La compétence de communication la plus profonde que vous puissiez maîtriser ne concerne pas les mots que vous dites à votre enfant. Il s'agit des mots que vous vous dites à vous-même dans le micro-moment avant d'ouvrir la bouche.

Vous connaissez ce sentiment. Le déclencheur se produit. Peut-être qu'ils brisent la troisième chose ce matin. Peut-être qu'ils vous crient dessus en public. La tension monte. Vous ressentez la pression dans votre poitrine. La montée d'adrénaline. C'est votre système nerveux qui se prépare à combattre. C'est une panique primale, sans mots.

Si vous réagissez à cette montée sans mots, vous allez crier. Vous allez vous emporter. Vous allez vous retirer. Vous le regretterez instantanément.

Mais que se passerait-il si vous pouviez installer un variateur linguistique dans ce moment critique ?

C'est là que l'alphabétisation émotionnelle devient votre arme secrète. Avant de vous adresser à l'enfant, vous vous adressez au sentiment. Silencieusement. Intérieurement. Vous étiquetez l'état.

Ressentez-vous de la colère ? Souvent, ce que nous appelons « colère » est un masque protecteur pour quelque chose de bien plus vulnérable. La colère est forte ; la peur est silencieuse. La colère est action ; la honte est gelée.

Demandez-vous : « Quelle est la vérité de ce sentiment en ce moment ? »

Au moment où vous pouvez tenir ce chaos chaud et électrique et lui attribuer une étiquette claire et concise, vous réalisez un miracle cognitif. Vous déplacez l'activité dans votre cerveau loin du centre émotionnel volatile et réactif (l'amygdale) et vers le centre de contrôle rationnel et exécutif (le cortex préfrontal).

Au lieu de penser : « Je suis TELLEMENT en colère contre cet enfant », le dialogue interne se déplace vers : « Je ressens une intense frustration que mes limites aient été ignorées. » Ou encore mieux : « Je ressens une profonde déception en ce moment. » « Je ressens une peur profonde de ne pas réussir en tant que parent. »

Essayez cela la prochaine fois que la tension commence à monter. Arrêtez-vous. Prenez cette pause de 3 secondes dont nous avons parlé plus tôt, et nommez le sentiment.

Pourquoi le nommer diffuse-t-il 80% de son pouvoir ?

Parce que la fonction principale du système émotionnel est d'attirer votre attention et de vous garder en sécurité. Une fois que vous avez reconnu l'émotion - vous l'avez vue, vous l'avez nommée, vous avez compris son rôle informatif - elle n'a plus besoin de crier. Elle baisse automatiquement son volume.

Que se passe-t-il si vous réalisez que vous n'êtes pas réellement en colère, mais terrifié de ce que les autres penseront de votre parentalité ? Ne pas connaître cette vérité adoucit-il soudainement votre regard sur l'enfant ?

Que se passe-t-il si le sentiment qui monte n'est pas de la rage, mais une simple, épuisante fatigue ? Lorsque vous l'étiquetez « épuisement », vous réalisez qu'il s'agit d'un besoin de repos, pas d'un besoin de punition. Votre réponse change complètement.

Nommée l'émotion pour vous-même n'est pas une faiblesse ; c'est une force stratégique suprême. Les communicateurs d'élite ne répriment pas leurs sentiments. Ils les observent. Ils les classifient. Ensuite, et seulement ensuite, ils décident quelles informations sont utiles et lesquelles ne sont que du bruit historique.

Si vous ne le nommez pas, cela vous possède. Si vous le nommez, cela vous appartient. Quel parent souhaitez-vous être ? Celui guidé par une montée sans nom, historique, ou celui observant calmement les données du moment ? Commencez à pratiquer votre diagnostic interne maintenant. La clarté que vous y trouvez définira la paix de votre foyer.

L'EXERCICE DU « FREIN D'URGENCE » : 7 ASTUCES SENSORIELLES POUR SORTIR IMMÉDIATEMENT DU MODE PANIQUE (MÊME QUAND ILS CRIENT)

Le chaos atteint son paroxysme. Le son est désormais une chose physique. Il frappe vos tympans. Il déclenche ce système d'alarme ancien dans votre cerveau. Vous sentez la chaleur monter dans votre poitrine. C'est le système nerveux sympathique qui prend le contrôle. La réponse de lutte ou de fuite est prête à être déployée.

Nous devons freiner.

Nous ne pouvons pas raisonner pour sortir de ce moment. La logique a quitté le bâtiment il y a cinq minutes. Nous devons utiliser un raccourci physique direct pour interrompre le signal d'alarme. Nous utilisons des entrées sensorielles. Cela force votre cerveau à reconnaître la réalité du moment présent, plutôt que le danger perçu du passé ou du futur.

C'est l'exercice du « frein d'urgence ». Déployez un ou plusieurs de ces moyens instantanément :

1. L'immersion dans l'eau froide. Trouvez la source d'eau froide la plus proche. Un lavabo. Une bouteille d'eau. Faites couler de l'eau froide sur vos poignets et l'arrière de votre cou pendant trois secondes. C'est un choc biologique. Cela signale instantanément à votre nerf vague que la température interne doit être ajustée, interrompant le signal de panique.

2. L'ancrage de texture. Tendez la main et touchez quelque chose de rugueux ou de frais. Le grain de la porte en bois. Le métal froid d'une poignée

de porte. La texture rugueuse et inégale du tapis. Concentrez entièrement votre attention sur la façon dont cette texture se ressent sous vos doigts.

3. Le poids sur les pieds. Appuyez fermement vos deux pieds dans le sol. Imaginez que vous essayez de pousser le sol vers le bas dans le sous-sol. Ressentez le contact de votre talon. Ressentez le contact de vos orteils. Cette entrée proprioceptive profonde vous ancre dans la gravité et la stabilité.

4. L'interruption acide. Gardez un élément sensoriel fort à proximité. Un chewing-gum. Une petite menthe. Un compte-gouttes d'huile essentielle puissante (menthe poivrée, agrumes) sous votre nez. Le goût ou l'odeur intenses donne à votre cerveau un nouveau problème immédiat à résoudre. Cela détourne l'attention des cris.

5. Le bourdonnement bas. Lorsque l'enfant crie à haute fréquence, associez-le à une fréquence basse. Placez une main sur votre ventre ou votre poitrine et fredonnez ou grognez profondément. Ne parlez pas. La vibration créée par le bourdonnement active le chemin vagal ventral, la branche apaisante du système nerveux.

6. La détection de couleur. Détournez le regard de votre enfant pendant trois secondes. Scannez la pièce immédiate et localisez trois objets spécifiques de la même couleur. Un livre bleu, une rayure bleue sur une chemise, la lumière bleue sur le routeur. Cela force le cortex visuel à s'engager dans une tâche non menaçante.

7. Le squat rapide. Si vous avez l'espace, accroupissez-vous rapidement ou pliez un genou et relevez-vous. Si vous êtes assis, faites quelques rotations d'épaules rapides. De petits mouvements musculaires vigoureux brûlent l'adrénaline immédiate sans nécessiter que vous fuyez la scène.

Ces sept étapes ne sont pas destinées à résoudre le problème. Elles sont seulement destinées à résoudre votre effondrement interne. Utilisez-les. Alors, et seulement alors, vous pourrez vous reconnecter à votre enfant depuis un endroit régulé. Votre calme interne est leur plus grand enseignant.

COMMENT SUPPRIMER DÉFINITIVEMENT LES VIEILLES BANDES QUI FONT QUE LA DÉFIANCE DE VOS ENFANTS RESSEMBLE À UNE ATTAQUE PERSONNELLE

Ce mouvement des yeux frappe différemment. Il fait mal.

Un acte simple de défi—un pied frappé, un bras croisé, un murmure “je te déteste”—semble moins un mauvais comportement et plus comme s'ils avaient regardé dans votre âme et délivré un verdict dévastateur.

C'est le déclencheur le plus ancien du livre. Défi. Irrespect. C'est le bouton d'activation instantané pour la rage parentale ou le retrait émotionnel immédiat.

Pourquoi ?

Parce que cela n'a presque jamais à voir avec les chaussettes qu'ils ne veulent pas mettre.

Ça concerne les Vieilles Bandes.

Votre système nerveux ne réagit pas à un enfant de sept ans submergé par l'heure du coucher. Il réagit au fantôme d'un parent exigeant, d'un patron critique ou d'un partenaire humiliant de votre passé.

Le comportement de l'enfant est la clé qui démarre l'enregistrement. Et la Vieille Bande commence à murmurer ses menaces : Vous perdez le contrôle. Vous êtes faible. Vous êtes un échec. Si vous les laissez vous défier maintenant, ils ne vous respecteront jamais plus tard.

Nous devons arrêter ces bandes net. Cela nécessite de découpler l'action de l'enfant de votre blessure émotionnelle historique.

Le processus de suppression implique trois changements cruciaux de conscience :

Changement Un : Nommer le Fantôme, Pas l'Enfant

Lorsque vous ressentez cette montée familière de colère intense et disproportionnée—celle qui serre votre poitrine et rend votre voix étrangère —arrêtez. Ne parlez pas encore.

Demandez-vous, "Pour qui cette fureur est-elle vraiment ?"

Est-ce pour le tout-petit épuisé devant vous ? Ou est-ce pour le souvenir de vous-même, fermé et rejeté enfant ? La peur est-elle que votre enfant devienne gâté, ou est-ce la peur d'être perçu comme incompétent par des tiers ?

Identifiez le récit spécifique que la Vieille Bande joue : “Je suis exploité.” “Je ne suis pas à la hauteur.” “Je suis impuissant.”

Jusqu'à ce que vous nommiez le fantôme du passé, vous ne pouvez pas traiter efficacement l'enfant dans le présent.

Changement Deux : Vérifiez le Niveau de Menace

Une fois que vous avez identifié la blessure émotionnelle, isolez-la. Mettez un mur mental entre cette douleur historique et la situation actuelle.

Maintenant, regardez votre enfant. Demandez-vous : “Cet enfant de huit ans menace-t-il fondamentalement ma sécurité ou ma survie en ce moment ?”

La réponse est presque toujours un non retentissant.

Ils testent une frontière. Ils expriment un besoin maladroitement. Leur travail, sur le plan développemental, est de tester et d'étendre. Ils n'essaient pas de vous détruire ; ils essaient de comprendre où se trouve la limite du monde.

L'irrespect est souvent de la détresse. Le défi est souvent l'unique outil dont ils disposent pour communiquer une surcharge émotionnelle.

En vérifiant la réalité de la menace, vous déclassifiez la situation d'une urgence à cinq alarmes (volume de la Vieille Bande) à une difficulté mineure et gérable (volume de la Vie Réelle).

Changement Trois : Installez la Nouvelle Bande Sonore

Nous remplaçons l'ancienne histoire réactive par une nouvelle vérité régulée et consciente. C'est votre mantra parental personnel pendant les moments de fort déclenchement.

Lorsque la colère flare et que la Vieille Bande commence, récitez activement votre Nouvelle Bande Sonore.

Exemples :

Vieille Bande : "Ils me défient."

Nouvelle Bande Sonore : "C'est un enfant qui pratique son autonomie. Leur résistance n'est pas une mesure de ma valeur."

Vieille Bande : "Ils vont marcher sur moi."

Nouvelle Bande Sonore : "Je suis assez fort pour tenir cette frontière avec douceur. Je n'ai pas besoin de crier pour être puissant."

Vieille Bande : "Je suis un mauvais parent parce qu'ils agissent de cette manière."

Nouvelle Bande Sonore : "Je suis un parent sûr, apprenant à répondre, pas à réagir. Leur comportement est une communication, pas une condamnation."

Ce changement n'est pas un événement ponctuel ; c'est un choix moment par moment. Chaque fois que vous choisissez consciemment la Nouvelle Bande Sonore plutôt que la Vieille Bande, vous affaiblissez la connexion historique. Vous affamez le fantôme de son pouvoir.

Vous formez votre système nerveux à comprendre : La menace du passé est terminée. L'enfant devant moi est en sécurité. Et je suis en sécurité aussi. Le défi peut continuer, mais le sentiment d'attaque personnelle diminuera, remplacé par une autorité calme et stable.

CHAPTER FOUR

PARLER DE PAIX : LE STYLE DE COMMUNICATION SILENCIEUSE QUI MET FIN AUX LUTTES DE POUVOIR AVANT QU'ELLES NE COMMENCENT (ET CE QU'IL NE FAUT JAMAIS DIRE)

Nous avons construit l'ancre. Nous avons trouvé la pause. Maintenant, nous devons parler depuis cet endroit ancré.

La plus grande erreur que font les parents régulés est d'appliquer d'anciens scripts de communication dysrégulés alors que leur corps est calme. Ils appuient sur la pédale de frein interne, puis se lancent immédiatement dans un discours de vingt minutes conçu pour infliger honte ou contrôle.

Cela contredit tout l'objectif.

La communication n'est pas une question des mots que vous utilisez. C'est une question de fréquence que vous diffusez. Lorsque votre système nerveux est stable, votre voix baisse. Votre rythme ralentit. Votre langage corporel s'adoucit. Cette transmission silencieuse—le parler de paix—est l'élément critique qui arrête les luttes de pouvoir avant qu'elles ne puissent même prendre de l'ampleur.

Lorsque un enfant est escaladé, son néocortex (la partie pensante et planificatrice du cerveau) est hors service. Ils fonctionnent à partir des parties anciennes et réactives du cerveau. Ils ne peuvent pas traiter la logique. Ils ne peuvent pas saisir les conséquences futures. Ils ne peuvent détecter qu'une seule chose : sécurité ou menace.

Si vous égalisez leur volume, égalez leur frustration, ou essayez de les raisonner pour sortir de leurs sentiments, vous diffusez une menace. Vous dites essentiellement : “La personne censée me garder en sécurité perd maintenant le contrôle.” Cela intensifie instantanément leur état défensif, garantissant le défi.

Parler de paix signifie ajuster votre sortie pour maximiser leur réception de sécurité.

La technique de communication la plus puissante à votre disposition est la régulation de votre propre ton vocal. Une voix basse, lente et mélodique est le son de la sécurité. Elle dit au nerf vague de l'enfant : Je t'entends. Je vois ta contrariété. Mais je ne suis pas contrarié. J'ai ça.

Refusez d'égaliser leur intensité. S'ils crient, chuchotez. S'ils courent, ralentissez. Lorsque vous faites cela, vous ne les manipulez pas ; vous leur prêtez votre calme. Vous régulez l'environnement pour que leur système ait la chance de se calmer.

Ce Qu'il NE Faut JAMAIS Dire

S'il y a une catégorie de langage qui sabote immédiatement la connexion, c'est le langage qui les force à défendre leurs sentiments ou leur logique. Évitez ces deux pièges courants, surtout pendant les moments d'escalade :

1. Tout ce qui commence par “Pourquoi...” : “Pourquoi as-tu frappé ta sœur ?” “Pourquoi ne peux-tu pas juste écouter ?” Les questions pourquoi sont des exigences intellectuelles à un moment émotionnel. Elles donnent l'impression d'un interrogatoire. L'enfant ne connaît pas le “pourquoi”. Ils connaissent seulement le sentiment qui a motivé l'action. Leur demander de justifier une réaction défensive ne fait qu'augmenter leur honte et frustration.

2. Toute phrase qui minimise la détresse : “Ce n'est pas grave.” “Arrête de pleurer pour rien.” “Tu vas bien.” Minimiser leur réalité communique une déconnexion profonde. Cela leur enseigne que leur expérience interne

est erronée ou gênante. C'est le chemin le plus sûr vers la rébellion et la suppression émotionnelle.

Au lieu de cela, commencez par la reconnaissance et l'acceptation. Concentrez-vous sur la connexion avant de tenter la correction. C'est la différence entre un enfant docile et un enfant connecté, coopérant.

La correction sans connexion garantit la résistance.

L'enfant doit se sentir vu et entendu avant de pouvoir accepter une limite ou une conséquence. Pensez à la connexion comme au lubrifiant nécessaire pour la compliance. Vous devez remplir leur tasse émotionnelle avant de pouvoir leur demander de faire des choses difficiles, comme arrêter une activité qu'ils aiment ou accepter une déception.

Cela nécessite un changement radical de rythme.

Lorsque votre enfant est en détresse, le protocole est simple :

1. La Pause (Travail du Chapitre 3).

2. Proximité Physique (Approchez-vous, baissez-vous).

3. Nommez le Sentiment, Pas le Comportement : "Wow, c'est si frustrant quand la tour de blocs tombe." "Tu sembles vraiment en colère en ce moment." "Tu es déçu que nous devions quitter le parc."

Remarquez que nous validons d'abord le sentiment. Nous ne validons pas le comportement. Nous disons simplement : Votre monde intérieur a du sens, même si vos actions extérieures nécessitent des limites.

Une fois que le sentiment est nommé et accepté, une petite fenêtre d'opportunité s'ouvre. Ce n'est qu'alors que vous pouvez établir la limite ou guider le comportement : "Tu es en colère que la tour soit tombée. Et la règle est que nous utilisons des mains douces. Peux-tu taper des pieds au lieu de lancer les blocs ?"

Ce style de communication sépare l'enfant du problème. L'enfant est bon; le comportement est le signal de détresse.

Le pouvoir ultime dans la communication pacifique vient lorsque nous, les adultes, sommes honnêtes sur notre propre état intérieur sans externaliser la responsabilité de cet état à l'enfant.

Nous utilisons des déclarations "Je ressens" non pas comme un outil passif-agressif pour manipuler le comportement, mais comme une pure déclaration de notre réalité intérieure, qui informe alors la limite que nous devons établir. La formule de précision ressemble à ceci :

Je ressens [émotion spécifique, pas un jugement] quand [observation de la situation sans blâme] parce que [mon besoin spécifique et primaire n'est pas satisfait]. Par conséquent, [voici la limite claire que je fixe].

Exemple d'échec : "Je ressens que tu es un mauvais auditeur quand tu m'ignores, et tu dois arrêter de faire ça tout de suite." (Blâme, utilise le jugement.)

Exemple de parler avec paix : "Je me sens stressé et pressé quand je te vois encore jouer avec tes chaussures cinq minutes après que je t'ai demandé de les mettre, parce que j'ai besoin de sentir que nous pouvons quitter la maison à temps. Je vais tenir les chaussures pour toi maintenant, et nous allons réessayer demain."

Cette formule garde le focus sur votre capacité d'adulte et vos besoins. C'est clair. C'est empathique à vos propres limites. Et surtout, cela offre une limite sans instiller un brin de culpabilité chez l'enfant. La limite est un acte de soin de soi, pas un acte de punition.

Cette approche exige que nous soyons humbles. Nous sommes humains, et nous ne sommes pas parfaits. Nous serons déséquilibrés. Nous allons crier. Nous allons piquer du nez. Nous allons dire la mauvaise chose.

Le protocole post-crise—réparation—est souvent plus critique pour l'intelligence émotionnelle à long terme de l'enfant que l'erreur initiale ne l'était. Lorsque vous modélisez une réparation saine, vous enseignez à votre enfant la leçon la plus précieuse de toutes : comment se remettre d'un échec émotionnel.

Si vous criez, votre seule tâche est de revenir à la régulation, puis de revenir à l'enfant. Trouvez-les. Abaissez votre voix. Établissez un contact visuel.

"Hé, je veux revenir à ce qui s'est passé il y a quelques minutes. J'ai crié quand je t'ai parlé, et je suis désolé. C'était trop fort et trop rapide. Je me suis frustré en voyant le désordre, et j'ai laissé mes émotions prendre le dessus. Ce n'était pas ta faute. Je travaille à garder ma voix calme. Pouvons-nous avoir un câlin ?"

Lorsque vous admettez que vous avez fait une erreur, vous ne décrétez pas votre autorité. Vous renforcez votre connexion. Vous leur enseignez qu'il est possible de commettre une erreur, de l'assumer, de réparer la relation et d'aller de l'avant. Vous installez l'outil de régulation le plus sophistiqué dans leur arsenal : la résilience.

Ceci est le cycle de la paix : L'auto-régulation mène à une parole pacifique, qui permet la connexion, qui renforce le sentiment de sécurité de l'enfant, ce qui leur permet d'accepter les limites, ce qui amène finalement la régulation à l'ensemble du foyer.

LE POUVOIR CONTRE-INTUITIF D'ÊTRE COMPLÈTEMENT SILENCIEUX QUAND VOTRE ENFANT A LE PLUS BESOIN DE VOUS

Votre enfant commence à parler. Peut-être qu'il se plaint. Peut-être qu'il pleure. Peut-être qu'il décharge simplement la pression d'une journée scolaire difficile.

Immédiatement, l'instinct parental se déclenche.

Corrigez-le. Résolvez le problème. Vitesse à juger. Nous pensons que prendre soin signifie agir. Nous croyons que l'amour signifie avoir la réponse parfaite. C'est notre système nerveux qui cherche à reprendre le contrôle. Il veut apaiser la détresse—la leur et la détresse que le son provoque en nous.

Je veux que vous essayiez l'opposé.

Quand votre enfant commence à partager un problème, arrêtez de bouger.

Arrêtez de laver les plats. Arrêtez de faire défiler votre téléphone. Éteignez le podcast qui joue en arrière-plan.

Laissez tomber vos épaules. Laissez la tension s'évacuer de votre cou.

Ne détournez pas le regard. Mais surtout : Ne dites rien.

Ceci est une immobilité radicale.

Nous avons tant l'habitude de remplir chaque espace de bruit. D'entrées. De conseils. Le silence semble être un échec en tant que parent. Cela semble maladroit. On a l'impression que vous retenez.

Mais en réalité, le silence est le plus grand cadeau de présence.

Votre enfant ne cherche pas de conseil à ce moment précis. Il cherche un écho. Il cherche un miroir. Ils veulent une preuve que leur expérience intérieure écrasante est réelle et valide.

Lorsque vous interrompt leur histoire—même avec la solution la plus douce et parfaite—le message que leur système nerveux reçoit est : Arrête de te sentir comme ça. Tes émotions mettent l'adulte mal à l'aise.

Le sentiment se cache immédiatement. L'histoire se ferme. La connexion est rompue.

Une écoute véritable est un acte physique.

Il ne s'agit pas d'attendre votre tour pour parler. Il s'agit de devenir un conteneur solidement sûr.

Adoptez une posture ouverte. Tournez votre corps tout entier vers eux. Mains détendues. Asseyez-vous s'ils sont assis. Mettez-vous à leur niveau si ils sont debout.

Regardez leur visage, peut-être leurs mains. Et respirez. Des respirations lentes et régulières.

Laissez leurs mots remplir l'intégralité de l'espace entre vous. Permettez à l'intensité de leur sentiment d'exister sans essayer de la neutraliser ou de la réparer. Laissez le silence flotter là, riche et plein.

Vous communiquez la sécurité, non pas par des mots, mais par votre présence ancrée. Vous leur prêtez littéralement votre calme nerveux.

Ne bougez pas jusqu'à ce qu'ils aient terminé leur pensée. Ne hochez pas la tête frénétiquement. Ne faites même pas trop de sons de réflexion. Juste de l'immobilité.

Attendez la pause. Attendez qu'ils cessent vraiment de parler et vous regardent. Ce silence est le signe que le sentiment a été témoin. L'histoire est complète. La tension a disparu.

Ce n'est qu'alors, peut-être, que vous pouvez doucement demander : "Souhaitez-vous que je vous écoute davantage, ou voulez-vous de l'aide pour résoudre cela ?"

Mais souvent, lorsqu'ils finissent de parler, le pire de la crise est déjà passé. Ils n'ont pas besoin d'une solution.

Ils avaient besoin d'être entendus.

Le silence est la forme la plus profonde de respect.

AVERTISSEMENT : POURQUOI CORRIGER LE COMPORTEMENT AVANT DE SE CONNECTER AVEC LE SENTIMENT GARANTIT UN ADOLESCENT REBELLE

Nous sommes câblés pour l'efficacité. Nous voyons un problème. Nous voulons le résoudre.

Votre enfant crie parce qu'il ne veut pas mettre ses chaussures. Vous voyez le comportement : défi. Vous sautez immédiatement à la correction. "Arrête de crier. Mets tes chaussures tout de suite ou nous serons en retard ! C'est inacceptable."

C'est là que l'ensemble du processus d'apprentissage s'effondre.

Votre enfant ne réfléchit pas logiquement à ce moment-là. Il ne planifie pas une rébellion. Il est submergé. Il fonctionne à partir de son état émotionnel, défensif.

Lorsque vous approchez un système nerveux en détresse avec une logique pure ou une conséquence, que perçoit-il?

Il entend : Tes émotions sont erronées. Ta douleur est inconvenient. Ta réaction est un problème que je dois éteindre.

Ce message est toxique pour la connexion. Il leur enseigne à compartimenter leur détresse. Il leur enseigne à cacher leur monde intérieur de vous.

La correction avant la connexion est une erreur physiologique.

Le but est de sortir le cerveau de l'enfant de la zone rouge défensive et de le remettre dans la zone verte régulée. Le seul moyen de revenir à la zone verte est par le sentiment de sécurité. La validation est l'interrupteur de sécurité.

La connexion doit toujours précéder la correction.

La validation n'est pas un accord. Vous n'avez pas à accepter que leur refus de mettre des chaussures soit rationnel. Vous devez simplement reconnaître le sentiment sous le refus.

La validation, c'est reconnaître l'histoire interne.

"Tu es tellement en colère en ce moment. Tu voulais choisir tes chaussures et cela t'a rendu fou quand je t'ai aidé. J'entends à quel point tu es frustré." (Connexion)

Maintenant, et seulement maintenant, la porte est ouverte. Maintenant, le cerveau logique peut recevoir des informations.

"Je sais que tu es furieux. Cette frustration est réelle. Et la règle est que nous devons porter nos chaussures à l'école. Tu peux être frustré et quand même les mettre." (Correction et Sécurité).

Lorsque vous omettez cette étape cruciale de validation, vous contraignez l'enfant à défendre sa légitime émotion. Ils doivent se battre pour le droit de se sentir en colère, ou triste, ou effrayé. Ils doivent prouver que leur sentiment est réel.

Lorsqu'un enfant doit constamment se battre pour que ses sentiments soient reconnus, il construit un mur protecteur. Ce mur devient l'adolescent rebelle. Celui qui ne parlera pas. Celui qui ferme la porte au nez.

Ils protègent simplement leur paysage intérieur du jugement. Ils ont été conditionnés à croire que partager leur détresse conduit seulement à des conséquences, pas à de l'empathie.

Vous voulez qu'un adolescent vous parle de ses luttes ? Vous devez poser les bases aujourd'hui. Vous devez rendre les choses sûres pour être désordonné. Vous devez valider le sentiment même lorsque vous ne pouvez pas tolérer le comportement.

La validation désarme la défense. Elle crée de la confiance. C'est le son du cerveau qui se remet en marche. Ce n'est qu'alors que la leçon peut être intégrée.

LA FORMULE DE PRÉCISION POUR LES DÉCLARATIONS « JE RESSENS » QUI RÉPOND À VOS BESOINS SANS INSTILLER DE CULPABILITÉ.

Nous confondons souvent l'expression de nos sentiments avec l'expression du blâme. La plupart des déclarations "Je ressens" tombent à plat car elles ressemblent à des accusations à peine voilées.

« Je me sens en colère quand tu ne m'écoutes pas. »

Cette phrase, bien qu'apparemment saine, tombe sur votre enfant comme un coup. Pourquoi ? Parce que l'enfant entend : "Tu es responsable de ma colère. Si tu agissais différemment, je ne serais pas contrarié." Cela déclenche instantanément leur système nerveux défensif. Ils cessent d'écouter et commencent à se défendre ou, pire, à internaliser la culpabilité.

La formule de précision élimine le blâme en se concentrant uniquement sur les actions observables et le besoin interne de sécurité et de structure de l'adulte. C'est une structure en trois parties conçue pour être émotionnellement honnête, mais physiologiquement non menaçante.

La formule est :

1. Énoncer la situation observable et neutre.
2. Énoncer votre sentiment interne, entièrement à vous.
3. Énoncer l'action ou la limite nécessaire à votre régulation.

Voyons comment cela fonctionne en pratique.

Si votre enfant jette son manteau sur le sol de la cuisine pour la cinquième fois, votre réaction interne immédiate est probablement la colère et l'épuisement.

La déclaration de blâme (instillant la culpabilité) :

« Je me sens furieux quand tu traites notre maison comme une décharge. Pourquoi ne peux-tu jamais te souvenir ? »

(Impact émotionnel : Honte et ressentiment. L'accent est mis sur l'échec de caractère de l'enfant.)

La déclaration de précision (répondre aux besoins) :

« Quand je vois le manteau laissé sur le sol près de la cuisine, je me sens très frustré et désorganisé. Mon cerveau a besoin que notre espace partagé soit en ordre pour que je puisse me détendre et préparer le dîner. J'ai besoin que tu ramasses le manteau maintenant et que tu l'accroches. »

(Impact émotionnel : Clarté et coopération. L'accent est mis sur l'état interne du parent et une demande d'espace réglementaire mutuel.)

Remarquez le changement de pouvoir. Vous ne dites pas que l'enfant vous a frustré. Vous faites simplement état que face à cette situation, c'est ainsi que votre système réagit. Cela enseigne à votre enfant que vos émotions sont des données précieuses, mais qu'il n'est pas responsable de les corriger de façon permanente.

Lorsque vous utilisez ce langage précis, vous modélisez trois choses qui sont infiniment précieuses pour l'avenir de votre enfant :

1. Honnêteté émotionnelle : Vous étiquetez avec précision votre état interne, allant au-delà de la colère générique.

2. Clarté des limites : Vous définissez clairement ce qui est acceptable pour votre propre sécurité et fonctionnement.

3. Agence personnelle : Vous leur enseignez que lorsqu'ils ressentent une émotion, ils peuvent identifier le besoin sous-jacent et le demander directement, plutôt que de recourir à l'agression passive ou aux demandes.

Le pouvoir secret de cette formule réside dans l'étape finale : énoncer l'action nécessaire à votre régulation. Vous ne leur demandez pas d'arrêter de faire quelque chose—vous leur demandez de commencer à faire quelque chose qui soutient l'unité familiale et, de manière critique, soutient votre capacité à être un parent calme. C'est une coopération ancrée dans l'empathie, pas une conformité ancrée dans la peur.

Cette approche transforme l'interaction d'une attaque personnelle sur leur comportement en une négociation basée sur le respect mutuel et l'espace partagé. Vous leur enseignez que les limites ne sont pas des punitions ; les limites sont la manière dont des personnes sûres s'aiment les unes les autres.

LE PROTOCOLE SECRET POST-CRISE : COMMENT ADMETTRE QUE VOUS AVEZ ÉCHOUÉ INSTALLE DES OUTILS DE RÉGULATION CHEZ VOTRE ENFANT (LEÇON INESTIMABLE)

Vous avez craqué.

C'était plus fort que vous ne l'aviez voulu. Le ton était plus acerbe. La frustration a débordé et vous avez dit quelque chose que vous avez immédiatement regretté.

Bienvenue dans l'humanité.

Le mythe commun en matière de parentalité est que de bons parents ne perdent jamais leur calme. C'est impossible. Nous sommes câblés pour réagir lorsque nous sommes épuisés, submergés ou déclenchés. La rupture, le moment de dysrégulation, est inévitable.

La magie—la leçon inestimable que vous ne pouvez enseigner qu'à travers l'échec—est la réparation.

Lorsque vous perdez le contrôle, le système nerveux de votre enfant entre en alerte maximale. Ils ont besoin de savoir que la personne sûre (vous) peut devenir instable pendant un moment, mais que la sécurité de la relation est toujours rétablie.

La réparation est la leçon la plus importante en régulation émotionnelle que vous enseignerez jamais.

Lorsque vous retournez vers eux après que la poussière s'est déposée, vous leur apprenez à installer leurs propres outils de régulation internes. Vous modélisez l'auto-correction.

Le protocole secret post-crise est simple, rapide et non négociable.

Étape 1 : Reconnaître le craquage.

Trouvez-les lorsque vous êtes calme. Accroupissez-vous. Regardez-les dans les yeux et commencez par votre responsabilité. « Je suis désolé d'avoir crié. » N'ajoutez pas de 'mais.' Ne dites pas, « Je suis désolé d'avoir crié, mais tu ne m'écoutais pas. » Cela invalide l'excuse et déplace le blâme. Prenez entièrement la responsabilité de votre côté.

Étape 2 : Nommer votre état interne.

Expliquez brièvement ce qui s'est passé en vous. « Je me sentais submergé par le bruit, et mon cerveau a réagi par une panique. » Ou, « J'étais très frustré parce que je me sentais ignoré. » C'est crucial. Vous leur enseignez que les sentiments sont des informations, pas un script pour un mauvais comportement.

Étape 3 : S'excuser pour l'impact.

Reconnaître comment votre action les a affectés. « Quand j'ai crié, je t'ai fait sentir peur. Ce n'était pas correct. » Vous validez leur expérience de l'événement.

Étape 4 : Réaffirmer la sécurité et se reconnecter.

Confirmer que la relation est sécurisée, même après la tempête. « Je t'aime toujours, et mon travail est de te garder en sécurité. Ma frustration est mon problème, et je travaille à rester calme. » Ensuite, offrez une reconnexion physique : un câlin, un moment de calme, ou juste s'asseoir ensemble.

Ce processus ne consiste pas seulement à faire en sorte que l'enfant se sente mieux. Il s'agit de renforcer activement le ton vagal de l'enfant. Vous leur montrez que de grandes émotions ne détruisent pas le monde. Vous modélisez le chemin de retour vers le calme, la stabilité et la connexion.

Chaque fois que vous initiez une véritable réparation, vous installez efficacement le « bouton de réinitialisation » dans leur propre système d'exploitation. Vous leur enseignez : Le conflit est supportable. La rupture mène à la réparation. Et l'auto-correction est la plus grande forme de force.

Votre plus grand échec devient votre moment d'enseignement le plus profond. Ne négligez jamais la réparation. C'est le programme pour la résilience.

CHAPTER FIVE

DÉCODER LEUR DÉTRESSE : POURQUOI LEUR PIRE COMPORTEMENT EST UN MESSAGE SECRET (ET COMMENT LE TRADUIRE IMMÉDIATEMENT)

Vous avez atteint le point pivot de ce travail. C'est là que nous arrêtons de traiter le symptôme et commençons à guérir la source.

Pendant des années, nous avons été conditionnés à voir les comportements difficiles—crises, défi, déchaînement, retrait—comme des actes intentionnels de malice ou de mauvaise discipline. Nous les appelons "mauvais comportements." Nous supposons que l'enfant choisit de rendre nos vies difficiles.

Cette supposition n'est pas seulement épuisante ; elle est fondamentalement erronée. Elle nous prépare à un conflit continu car elle identifie mal le messager.

Votre enfant ne vous cause pas des problèmes. Ils ont des problèmes.

Leurs actions les plus mauvaises, les plus explosives et les plus exaspérantes ne sont pas des échecs de caractère. Ce sont des signaux de détresse sophistiqués et à fort volume émis directement par leur système nerveux. Ce sont les preuves physiologiques que leurs ressources internes sont épuisées.

Un enfant ne choisit pas la dysrégulation. Un système nerveux réagit simplement à ce qu'il perçoit comme un danger, une menace ou une demande écrasante.

Lorsque vous regardez un enfant en crise, vous ne regardez pas un tyran gâté exigeant le contrôle. Vous regardez un petit humain éprouvant une surcharge complète de son système. Le cortex préfrontal—la partie responsable de la logique, de la raison et du contrôle des impulsions—a été temporairement mis hors ligne par les mécanismes de survie profondément enfouis dans le tronc cérébral.

Pensez au corps de l'enfant comme une machine complexe qui fait court-circuit. Si vous conduisiez une voiture et que les voyants clignotaient, vous ne frapperiez pas le tableau de bord. Vous vous arrêteriez et examineriez le moteur.

Notre rôle en tant qu'adulte régulé est d'arrêter de frapper le tableau de bord. Notre travail est de traduire le bruit.

Quand un enfant frappe, le message n'est pas : "Je te déteste." Le message est : "Je porte une quantité intolérable d'énergie et je n'ai pas la capacité de la réguler en toute sécurité."

Lorsqu'un enfant se renferme et refuse de parler, le message n'est pas : "Je te manque de respect." Le message est : "Mon système est en mode gel ; la menace est trop écrasante et j'ai besoin de disparaître pour me sentir en sécurité."

Ce chapitre fournit les outils pour décoder instantanément ces signaux. En appliquant la perspective du système nerveux, nous retirons l'offense personnelle de l'équation. Nous passons de voir une attaque à voir un appel à l'aide.

Une fois que vous maîtrisez ce changement, tout change. Le chaos cesse de sembler un échec personnel et commence à sembler des données biologiques solubles. Vous arrêtez de réagir automatiquement avec frustration et commencez à répondre intentionnellement par le lien, devenant le port sûr que le système éprouvé de votre enfant recherche désespérément.

EXPOSÉ : POURQUOI PUNIR UNE CRISE DE COLÈRE EST COMME TRAITER UNE FIÈVRE AVEC UN MARTEAU (ET LA MEILLEURE FAÇON D'APAISER LA SOURCE)

Une crise de colère n'est pas de la défiance. C'est de la détresse.

Nous avons été enseignés pendant des générations à considérer l'explosion d'un enfant comme un problème de comportement. Nous le voyons comme une désobéissance intentionnelle. Nous le voyons comme de la manipulation. Ce système de croyance erroné nous conduit à appliquer des punitions : temps morts, conformité forcée, langage dévalorisant.

Mais c'est comme se tenir au-dessus d'un enfant avec une fièvre brûlante et crier sur le thermomètre. Vous attaquez le symptôme. Vous attaquez la mesure. Vous manquez complètement la cause profonde.

La cause profonde est toujours un système nerveux dysrégulé.

Lorsque le seuil de frustration d'un enfant est franchi—en raison de la faim, de la fatigue, de la surstimulation ou de la peur—son cerveau fonctionnel passe au noir. Le centre logique ferme ses portes. Ce qui prend le relais, c'est le système de survie de base, le cerveau primitif.

La crise de colère est la manifestation visible de ce système essayant désespérément de décharger son trop-plein.

Lorsqu'ils crient, ils sont dans l'état biologique de Combat. Leur corps libère des hormones conçues pour affronter une menace.

Lorsqu'ils se jettent au sol et refusent de bouger, ils peuvent être en mode Gel. Leur système est dépassé et se met en pause, attendant la sécurité.

Lorsqu'ils attaquent ou frappent un frère ou une sœur, ils sont dans une pure défense, sans aucune altération. Ce n'est pas un manque de respect. C'est une question de survie.

Si nous répondons à cet état physiologique par la punition, nous aggravons le stress. Nous confirmons pour leur corps que l'environnement est, en effet, hostile. Nous leur disons : "Je ne peux pas gérer ta douleur. Tu es en danger lorsque tu ressens de grandes émotions."

Punir un mécanisme de survie n'a aucun sens. C'est cruel. C'est inutile. Cela n'enseigne rien à l'enfant sur la régulation. Cela ne lui apprend qu'à craindre sa propre expérience intérieure et à cacher sa détresse la prochaine fois.

Vous ne pouvez pas raisonner logiquement avec un enfant dont le centre logique est hors ligne. Vous ne pouvez pas imposer la conformité à un système nerveux qui lutte pour sa vie.

La meilleure façon est de passer au-delà du comportement et de rechercher immédiatement la source. Quelle est l'infection causant la fièvre ? Quel est le déclencheur provoquant la surcharge du système ?

Sont-ils fatigués ? Ont-ils faim ? Se sentent-ils ignorés ? Ont-ils eu trop de stimulation sensorielle ?

Au moment où nous traduisons le comportement en un sentiment — je vois que tu es en colère (le comportement), mais je sais que tu te sens effrayé et accablé (le sentiment) — nous changeons tout. Nous ne traitons plus le chaos externe. Nous apaisons la source interne.

Nous n'utilisons pas un marteau sur la fièvre. Nous utilisons le lien, une présence calme et la co-régulation pour traiter la douleur. Nous régulons leur état, et le comportement s'adoucit automatiquement. C'est la différence entre une conformité forcée temporaire et une régulation émotionnelle durable.

LE CONTRÔLE DES ZONES À 3 COULEURS DES PARENTS : UN OUTIL SIMPLE DE 10 SECONDES POUR SAVOIR EXACTEMENT CE DONT VOTRE ENFANT A BESOIN EN CE MOMENT

Vous avez besoin de rapidité dans l'éducation. Vous n'avez pas le temps pour une analyse comportementale complexe lorsque votre enfant crie dans l'allée du supermarché.

Vous avez besoin d'un outil de 10 secondes.

Le Contrôle des Zones à 3 Couleurs des Parents est une évaluation physiologique simple. Il vous indique instantanément quelle partie du cerveau de votre enfant est aux commandes—et donc, ce dont ils ont désespérément besoin de votre part en ce moment.

Oubliez l'intention malveillante. Oubliez la discipline un instant. Évaluez simplement le système nerveux.

ZONNE VERTE : Régulé et Prêt

L'État : C'est l'état de repos. Le cortex préfrontal est en ligne. Le nerf vague fonctionne sans problème. Votre enfant se sent en sécurité, connecté et disponible.

À quoi cela ressemble : Curiosité. Flexibilité. Utilisation claire de leurs mots. Rire. Accepter des limites raisonnables. Bon contact visuel. Ils fonctionnent à partir de leur soi le plus authentique et intelligent.

Ce dont ils ont besoin : Connexion, temps et enseignement.

C'est le seul moment où les limites, les règles et les compétences d'adaptation peuvent être enseignées et intériorisées avec succès. Utilisez ce temps pour construire la fondation. Votre travail est de rester régulé et de profiter de la stabilité.

ZONNE JAUNE : Activé et Alerte

L'État : C'est le voyant d'avertissement. Le système nerveux sympathique s'active. Ils ressentent un afflux d'hormones de stress. Ils se préparent à un léger combat ou à une fuite. Ils se dirigent vers la dysrégulation.

À quoi cela ressemble : Pleurnicher. Volume accru. Agitation. Légère excentricité. Test des limites. Frustration rapide sur des choses mineures (les croûtes sont mal, le jouet est cassé). Agitation ou incapacité soudaine à se concentrer.

Ce dont ils ont besoin : Co-régulation et prévention.

C'est le moment d'intervenir avec calme, pas en parlant. Interrompez l'activité. Utilisez un ton de voix bas et lent. Offrez des signaux de transition prévisibles. Fournissez une co-régulation physique—un câlin, une main sur le dos, une gorgée d'eau. Votre objectif est de les guider en douceur de retour vers le Vert avant que le Rouge ne prenne le dessus.

ZONNE ROUGE : Défensif et Éteint

L'État : Surcharge totale du système. Combat, fuite ou gel est pleinement engagé. Le cerveau pensé est hors ligne. Ils fonctionnent uniquement à partir d'un mécanisme de survie. Ce n'est pas de la défiance ; c'est de la défense.

À quoi cela ressemble : Explosion complète, non négociable. Frapper, donner des coups de pied ou s'enfuir (combat/fuite). Arrêt émotionnel complet, regard vide, silence, cachette (gel). Incapacité à entendre ou à traiter une instruction verbale.

Ce dont ils ont besoin : Sécurité, espace et une présence constante.

ARRÊTEZ tout. Ne parlez pas. N'enseignez pas. Ne rationalisez pas. Bougez lentement. Maintenez la proximité si cela est sans danger pour vous deux. Vous êtes un amortisseur biologique. Concentrez-vous uniquement sur votre propre régulation. Respirez profondément et offrez votre calme. Le cerveau ne peut pas apprendre en Rouge. Votre seul travail est de fournir un port sûr jusqu'à ce que leur système redescende vers le Jaune ou le Vert.

L'évaluation entière prend quelques secondes. Leur corps est-il flexible ou rigide ? Leurs yeux sont-ils ouverts et curieux, ou serrés et fuyants ? Peuvent-ils vous entendre ? Une fois que vous avez identifié la zone, vous savez instantanément votre mission. Vous passez de réacteur confus à régulateur intentionnel.

LE TRANSFERT INEXPRIMÉ : COMMENT VOTRE PRÉSENCE RÉGULÉE AGIT COMME UN AMORTISSEUR BIOLOGIQUE POUR LEUR PANIQUE

Imaginez que votre enfant est un navire pris dans une tempête. Il tangue et roule, des vagues d'émotion s'écrasent sur le pont. Vous, le parent, n'êtes pas seulement le capitaine ; vous êtes le phare. Vous êtes la structure immuable vers laquelle ils peuvent s'orienter.

C'est le principe de la co-régulation. C'est le plus puissant outil que vous possédez, bien plus puissant que tout temps mort ou tableau de récompense. Votre présence agit comme un amortisseur biologique pour leur panique.

Quand un enfant est dysrégulé—criant, frappant ou gelé—son système nerveux est dans un état défensif de haute alerte. Ils envoient des signaux de détresse. Leur cerveau scanne littéralement l'environnement, cherchant un signe que le danger n'est pas catastrophique.

Le signe le plus important qu'ils recherchent, c'est vous.

Lorsqu'on rencontre leur chaos avec du chaos—crier, anxiété ou retrait—on confirme la menace. Leur système crie : "Le phare est en train de brûler ! Nous sommes vraiment condamnés !"

Mais lorsque vous régulez intentionnellement vous-même d'abord (les Chapitres 2 et 3 fonctionnent), vous offrez un signal différent, plus fort. Vous prêtez votre système régulé au leur. Votre état interne devient leur refuge temporaire. Leur corps reconnaît, à un niveau profond et physiologique, que si la personne la plus importante et cruciale dans l'environnement est calme, alors la situation actuelle est survivable.

Ce transfert de calme n'est pas de la pensée magique ; c'est le mécanisme fondamental de la connexion humaine. Nous sommes câblés pour stabiliser les autres.

Comment implémentez-vous physiquement ce transfert tacite ?

1. Proximité plutôt que Distance

Quand un enfant est submergé, ne l'envoyez pas "se calmer" à moins qu'il ne demande spécifiquement de l'espace. Au lieu de cela, réduisez la distance physique entre vous. Vous n'avez pas besoin de forcer un câlin ou d'envahir son espace. Asseyez-vous ou tenez-vous simplement plus près. Votre corps régulé et stable devient une barrière physique contre leur anxiété croissante. Un enfant s'appuyant contre un parent, même de manière minimale, utilise le système vagal ventral du parent pour apaiser le sien.

2. Le Pouvoir d'un Toucher Stable

Si votre enfant est ouvert au toucher, utilisez un contact profond, lent et stable. Évitez de frotter frénétiquement ou de donner des tape rapides, ce qui peut paraître activateur ou impatient. Placez une main chaude et ferme sur son dos, son épaule ou sa cuisse. Le but de ce toucher est de communiquer la sécurité par la pression. Une pression lente et soutenue aide à organiser le système nerveux, signalant au cerveau que le corps est ancré. C'est pourquoi les couvertures lestées fonctionnent ; vous fournissez essentiellement une présence pondérée et focalisée.

3. Le Ton Vocal Bas et Lent

La voix humaine est un instrument de régulation hautement réglé. Lorsque vous êtes en panique, votre voix devient aiguë et rapide—le signal acoustique d'alarme. Lorsque vous êtes régulé, votre voix tombe naturellement en hauteur et ralentit. Ce ton bas et modulé est décodé par l'oreille moyenne de l'enfant comme un signal de sécurité. Parlez lentement. Parlez doucement. Utilisez un rythme légèrement chantant si vous pouvez le gérer. Dites seulement ce qui est essentiel : "Je vois que tu es contrarié. Je suis juste là." Cette communication non verbale représente 80 % du processus de co-régulation.

En ralentissant vos mouvements, en abaissant votre voix et en offrant une proximité stable, vous devenez un indice biologique vivant de sécurité. Vous communiquez, sans utiliser de mots, le message le plus important qu'un enfant en détresse puisse recevoir : Vous êtes en sécurité, et je peux gérer ça.

METTRE EN PLACE DES LIMITES QUI TIENNENT : LA FORMULE DE LIMITE COMPASSIONNELLE QUI RENFORCE LE CONTRÔLE DE SOI AU LIEU DE LA RANCŒUR

Nous pensons souvent aux limites comme à un mur que nous construisons contre l'enfant. C'est la mauvaise image. Une limite est une clôture. C'est un conteneur. Elle fournit une structure sûre et prévisible afin que le système nerveux de l'enfant puisse se détendre.

Une limite fragile crée de l'anxiété. Une limite ferme livrée avec calme crée de la sécurité.

Le plus grand sabotage d'une limite est de la livrer alors que vous êtes dysrégulé. Si vous criez la limite, l'enfant entend la menace, pas la règle. Ils entrent dans un mode combat/fuite. Ils résistent à la limite parce qu'ils combattent votre peur.

Votre première étape est toujours la pause. Régulez-vous. Parlez depuis votre noyau stable.

La Formule de Limite Compassionnelle fonctionne à chaque fois. Elle comprend trois parties rapides.

La première partie est la connexion : Valider le sentiment.

Avant d'aborder le comportement, reconnaissez l'état interne. C'est critique. Le mauvais comportement est un message. Nous devons lire le message avant de donner la réponse.

Tu as l'air si en colère que le temps d'écran soit terminé. Je vois à quel point tu voulais continuer à jouer à ce jeu. Je comprends que tu es frustré que j'ai dit non.

Validation n'est pas accord. Vous n'êtes pas d'accord pour dire que la règle devrait changer. Vous êtes d'accord que l'émotion est réelle. Cette étape désarme instantanément le mécanisme de défense. Cela communique : Je vois ton cœur.

La deuxième partie est la correction : Énoncez la limite clairement.

Utilisez le moins de mots possible. Ne faites pas de leçon. Ne faites pas honte. Concentrez-vous sur le comportement ou la règle, pas sur le caractère de l'enfant.

Validation : Je sais que tu es en colère à propos du changement d'horaire.

Limite : Mais frapper ta sœur ce n'est pas bien. Mon travail est de garder tout le monde en sécurité.

Validation : Je sais que tu es déçu de ne pas pouvoir avoir ce jouet.

Limite : Nous n'achetons pas cela aujourd'hui. C'est ma décision.

La limite est ferme. Elle est courte. Elle doit être livrée sans hésitation, mais toujours avec chaleur. Cela construit un contrôle de soi interne parce que l'enfant fait confiance à la constance.

La troisième partie est la co-régulation : Rassurer la sécurité.

Après que la limite soit établie, l'enfant peut encore protester. Il peut pleurer ou s'intensifier. C'est là que vous prêtez votre calme. Vous ne les isolez pas. Vous offrez co-régulation.

Tu peux être en colère à propos de la limite, et je vais rester ici avec toi pendant que tu es en colère. Tes sentiments sont les bienvenus, mais frapper s'arrête maintenant. Respirons ensemble.

Le pouvoir de cette formule réside dans sa dualité. Vous acceptez pleinement l'émotion. Vous n'acceptez pas le comportement dangereux ou destructeur. L'enfant apprend : Mon parent m'aime même quand je ressens une énorme déception. Mon parent est assez fort pour maintenir la limite. C'est la définition de la sécurité.

Les limites qui tiennent sont des limites livrées par un système nerveux régulé. Ce sont des limites qui rassurent : Je suis l'adulte en sécurité, et j'ai le cadre stable.

CHAPTER SIX

L'ENFANT RÉSILIENT : COMMENT IMMUNISER VOS ENFANTS CONTRE L'ANXIÉTÉ AFIN QU'ILS S'ÉPANOUISSENT QUAND VOUS N'ÊTES PAS LÀ

Pendant cinq chapitres, nous avons travaillé ensemble. Nous avons stabilisé l'adulte. Nous avons décodé le message caché dans le chaos. Nous avons appris à prêter notre calme.

Prêter votre calme—cela s'appelle la co-régulation. C'est essentiel. C'est la base de la confiance.

Mais que se passe-t-il quand vous n'êtes pas là ? Quand ils passent un test ? Quand ils sont face à un enfant méchant sur le terrain de jeu ? Quand l'avenir semble trop grand à contenir ?

Nous ne voulons pas que nos enfants soient dépendants de notre présence pour se sentir en sécurité. Nous voulons qu'ils internalisent les outils. Nous voulons qu'ils portent la même sécurité inébranlable que vous avez construite en vous-même. C'est le don ultime du travail sur le système nerveux : une véritable résilience profonde et indépendante.

La résilience n'est pas l'absence de lutte. C'est la capacité de revenir à la normale après que la lutte ait frappé. C'est la capacité de faire une pause et de se réguler lorsque le monde exige une réaction. Ce chapitre concerne l'apprentissage de la construction de ce chemin de retour.

Le changement est profond. Nous passons de la question : "Comment puis-je réparer ce sentiment pour eux ?" à "Comment puis-je les aider à observer et gérer ce sentiment eux-mêmes ?"

Il ne s'agit pas de leur donner un exercice de respiration qu'ils détestent. Il s'agit de les inviter dans le processus de compréhension de leur propre câblage merveilleux et compliqué. Nous leur enseignons à devenir la maison sûre de leurs propres émotions. C'est la véritable immunisation contre l'anxiété tout au long de la vie.

AU-DELÀ DE LA BALLE DE RESPIRATION : UN GUIDE ÉTAPE PAR ÉTAPE POUR AIDER VOTRE ENFANT À CONCEVOIR SON PROPRE KIT ANTI-ANXIÉTÉ

La "Balle de Respiration" est un point de départ merveilleux. Elle offre une visualisation tangible pour la respiration. Mais soyons honnêtes : lorsque la réponse au stress crie à plein volume—lorsque l'enfant est en détresse physiologique totale—une simple visualisation échoue souvent.

La raison est simple : la régulation est profondément personnelle. Ce qui calme un enfant (une pièce sombre et tranquille) déclenchera le système sensoriel d'un autre (un sentiment d'isolement). Votre enfant a besoin d'outils conçus sur mesure pour son empreinte unique de système nerveux.

Ce processus ne consiste pas à attribuer des compétences d'adaptation. Il s'agit de devenir un détective curieux aux côtés de votre enfant, les aidant à découvrir quels leviers et boutons à l'intérieur de leur corps activent vraiment la réponse au calme. Cela déplace leur état d'esprit de la dépendance ("J'ai besoin que maman me répare") à l'auto-efficacité ("Je sais comment me réguler").

Les étapes suivantes vous guident dans la co-création d'une trousse d'outils véritablement anti-anxiété et personnalisée.

Étape Un : L'Inventaire de Régulation (Que Font-Ils Déjà ?)

Avant d'introduire quelque chose de nouveau, faites l'inventaire de leurs tentatives naturelles, souvent subconscientes, de régulation. Votre enfant essaie déjà de s'adapter ; nous devons simplement valider et affiner ces tentatives.

Les indices : Lorsque votre enfant est légèrement stressé (zone jaune), quelles petites actions répétitives effectue-t-il ?

Est-ce qu'il mâche son col, suce son pouce ou se ronge les ongles ? (Recherche orale/vocale)

Est-ce qu'il secoue sa jambe, tapote son crayon ou change constamment de position dans sa chaise ? (Recherche de mouvement/proprioception)

Recherche-t-il des textures spécifiques, tire sa capuche sur ses yeux ou fredonne doucement ? (Modulation sensorielle)

La conversation : Au lieu de corriger le comportement (« Arrête de mâcher ta manche »), nommez la fonction (« On dirait que ta bouche a besoin de quelques sensations pour se sentir stable en ce moment »). Expliquez que ces actions sont la manière intelligente que son corps utilise pour essayer de se sentir en sécurité.

Étape deux : L'expérience sensorielle (L'essai à faible enjeu)

Vous ne pouvez pas introduire une nouvelle compétence d'adaptation lors d'une crise. Le cerveau n'y aura tout simplement pas accès. Cette étape nécessite du temps calme et dédié pour expérimenter. L'objectif est de voir comment différentes entrées sensorielles impactent leur corps physique, puis de laisser l'enfant choisir ses préférées.

Mouvement et proprioception (pression profonde) : Expérimentez avec des activités qui fournissent un retour fort aux articulations et aux muscles, ce qui est incroyablement stabilisant.

Pousser et tirer : Faites-les pousser fort leurs mains contre un mur pendant cinq secondes. Cela aide-t-il à dissipater les tremblements ?

Pression pondérée : Essayez une couverture lourde ou un câlin serré. Le poids est-il réconfortant ou restrictif ?

Sauter : Dix sauts vigoureux sur place. L'impact aide-t-il à évacuer l'énergie ?

Entrée orale et vocale : La mâchoire est fortement liée au nerf vagal. Mâcher de façon rythmique ou faire des sons est un régulateur rapide.

Outils de mastication : Proposez des aliments croustillants (carottes, bâtonnets de bretzel) ou des bijoux à mâcher non toxiques.

Fredonnement et chant : Fredonnez un long ton grave. La vibration est-elle stabilisante dans leur poitrine ?

Toucher et température : Explorez des changements sensoriels immédiats et puissants.

Froid : Tenir un glaçon ou faire couler de l'eau froide sur les poignets.

Texture : Gardez à portée de main un morceau de velours doux, une pierre lisse ou une brosse dure. Quelle texture fait-elle tomber ses épaules ?

Étape trois : L'assemblage et la nomination (Créer un sentiment de propriété)

Une fois que vous avez identifié trois à cinq outils qui modifient de manière fiable leur état physique, formalisez la trousse à outils. Laissez l'enfant prendre les rênes concernant son organisation.

La boîte : Obtenez une petite boîte ou un sac qu'il décorera lui-même. Ce n'est pas la boîte des parents ; c'est celle de l'enfant.

Les noms : Aidez-le à nommer les outils en fonction de leur fonction. Au lieu de "Respiration", cela pourrait être "Le ventre de ballon" ou "Sentir la soupe". Au lieu de "Pousser le mur", cela pourrait être "La poussée de puissance".

La carte : Pour les plus jeunes enfants, créez une simple carte visuelle montrant l'outil et où il aide leur corps (par exemple, dessiner une image de chewing-gum à côté d'une image d'un visage calme).

La règle clé : Chaque outil doit être quelque chose qu'il peut accéder instantanément et de manière indépendante. S'il a besoin que vous lui remettiez, c'est un outil de co-régulation, pas d'auto-régulation.

Étape quatre : Le test pratique (Mettre en œuvre quand calme)

La dernière étape consiste à pratiquer le déploiement. N'attendez pas le moment inévitable de stress intense.

Simulation : Jouez des petits moments de frustration. « Oh non, ma tour est tombée ! Je me sens frustré ! Quel outil devrais-je essayer ? »

Le doux encouragement : Lorsque vous voyez ses premiers signes d'activation (agitation, froncement de sourcils), utilisez une curiosité douce : « Je remarque que ton pied tapote rapidement. Ton corps a-t-il besoin d'un outil de ta boîte en ce moment ? »

Célébrez le succès : Lorsqu'il utilise proactivement un outil, reconnaissez la compétence, pas seulement le résultat. « J'ai remarqué que tu as pris cinq grandes gorgées d'eau avant de me poser cette question. C'était une si bonne gestion de soi. Comment ton corps se sent-il maintenant ? »

En donnant à votre enfant ce pouvoir d'agir, vous lui enseignez la plus grande leçon en matière de résilience : qu'il n'est pas une victime de ses émotions, mais l'architecte habile de son propre calme intérieur.

ARRÊTEZ DE RÉPRIMER, COMMENCEZ À ACCEPTER : LA LEÇON CONTRE-INTUITIVE QUI TRANSFORME LES ÉMOTIONS INTENSES EN SOURCES DE FORCE

L'implique primal de chaque parent est d'arrêter la détresse de son enfant. Nous détestons le son de la véritable tristesse. Nous ne pouvons pas tolérer la chaleur volcanique de leur colère. Alors que faisons-nous ? Nous devenons des réprisseurs rapides.

Arrête de pleurer. Calme-toi. Ne sois pas triste à propos de ça. Ce n'est qu'un jouet.

Nous avons de bonnes intentions. Nous voulons les protéger de la douleur. Nous voulons du calme. Mais la répression est le plus grand saboteur de la force émotionnelle. Lorsque nous apprenons à un enfant à enfouir sa colère ou à cacher sa peur, nous lui enseignons que son expérience intérieure est dangereuse. Nous lui enseignons que certaines parties de lui-même ne sont pas les bienvenues.

Cependant, les sentiments sont des faits. Ce sont de pures informations biologiques. Ce sont les points de données qui clignotent sur le tableau de bord de leur système nerveux.

Lorsque vous réprimez la colère, elle ne disparaît pas. Elle se retourne contre soi. Elle devient de l'anxiété. Elle devient tension physique. Elle devient un contrôle rigide. Ou elle finit par exploser, car la jauge de pression interne est à son maximum.

La leçon contre-intuitive est la suivante : Nous devons enseigner à nos enfants à s'appuyer sur l'inconfort. Nous devons leur enseigner la tolérance émotionnelle.

La tolérance signifie accepter l'existence du sentiment sans exiger qu'il change immédiatement. Cela signifie créer de l'espace pour l'intensité.

Votre rôle en tant que parent régulé est de prêter votre système nerveux calme comme contenant pour leur tempête.

Vous dites : Je vois que tu es furieux. C'est normal d'être furieux. La fureur est un grand et puissant sentiment.

Remarquez la différence. Vous ne dites pas : Arrête de te sentir furieux. Vous ne dites pas : Ton sentiment de fureur est mauvais.

Vous validez le point de données. Vous acceptez l'information.

Les sentiments sont des informations, pas des injonctions.

C'est la distinction qui crée des êtres humains résilients.

Le sentiment de colère est l'information qu'une limite a été violée ou qu'un besoin n'a pas été satisfait. Cette colère ne commande pas à l'enfant de frapper le mur ou de crier sur un frère ou une sœur. C'est simplement un signal.

Le sentiment d'anxiété est l'information selon laquelle le système a détecté une menace potentielle. Cette anxiété ne commande pas à l'enfant de fuir la pièce ou de refuser la tâche. C'est simplement un avertissement.

Lorsque vous aidez votre enfant à identifier et à accepter le sentiment - Ma poitrine est serrée. Mes mains sont chaudes. Je ressens de la tristesse en ce moment - vous lui apprenez à l'observer, plutôt qu'à en devenir esclave. Vous l'aidez à développer le muscle émotionnel pour faire face à la difficulté.

Cette acceptation vaste est la source de la force intérieure.

C'est ainsi que des émotions intenses se transforment d'agents perturbateurs en énergie gérable. Nous voulons des enfants capables de ressentir de grandes choses tout en restant entiers. Nous voulons des enfants qui font confiance à leurs sentiments mais savent qu'ils ont le choix quant à ce qu'ils doivent faire ensuite.

Votre permission de ressentir de grandes émotions est le plus beau cadeau de sécurité. Vous montrez, moment après moment, que les courants forts de la vie ne les détruiront pas, car vous êtes là, maintenant, tenant l'espace, stable et vrai.

LE REMÈDE PHYSIQUE : 7 ACTIVITÉS SENSORIELLES QUI RÉINITIALISENT INSTANTANÉMENT UN SYSTÈME NERVEUX EN CRISE (FONCTIONNE EN 90 SECONDES)

Le chemin le plus rapide vers un cerveau calme passe toujours par le corps physique.

Lorsque un enfant (ou un adulte) est dans un état d'alerte élevé, le cortex préfrontal - la partie qui gère la logique et le raisonnement - est hors ligne. Vous ne pouvez pas raisonner avec une réponse de panique. Vous devez intervenir physiquement.

C'est le pouvoir de la conscience sensorielle. Nous utilisons une entrée physique intentionnelle pour envoyer un message clair au système nerveux : « Vous êtes en sécurité maintenant. » L'entrée sensorielle est la donnée brute qui annule la cloche d'alarme. Cela fonctionne immédiatement. Cela ne nécessite aucune pensée consciente.

Voici sept activités sensorielles conçues pour interrompre instantanément l'activation sympathique (combat/fuite) et guider le corps de nouveau vers sa ligne de base, réalisable en moins de quatre-vingt-dix secondes.

1. Le balancement en huit. Tenez-vous debout. Gardez vos pieds bien ancrés. Balancez doucement vos hanches et votre haut du corps dans un mouvement lent et continu en forme de huit. Ce mouvement rythmique est profondément apaisant pour le système vestibulaire (votre sens de l'équilibre). Ne fixez rien de spécifique. Laissez simplement votre corps bouger, lentement et bas, pendant dix respirations profondes. Le mouvement rythmique signale la stabilité.

2. L'éclaboussure froide sur le poignet. L'intérieur de vos poignets est un point de pouls où les vaisseaux sanguins sont proches de la surface. Lorsque vous sentez la chaleur monter (frustration, colère), allez immédiatement au lavabo et éclaboussez ou maintenez de l'eau froide directement sur vos poignets pendant quinze secondes. Ceci est un choc immédiat et sûr pour le système. Il active le réflexe de plongée des mammifères, abaissant instantanément le rythme cardiaque et signalant un refroidissement.

3. Le bourdonnement interne. Le nerf vagal descend le long du cou, de la poitrine et du diaphragme. Tonifier ce nerf favorise activement le calme. Lorsque vous vous sentez dépassé, fermez vos lèvres et bourdonnez bruyamment, profondément dans votre poitrine. Ressentez la vibration derrière votre sternum et dans votre gorge. Bourdonnez pendant trois expi-

rations complètes. La vibration sonore agit comme un massage interne pour le système de régulation.

4. Le protocole des pieds lourds. Si vous êtes debout, enfoncez vos talons dans le sol aussi fort que possible. Imaginez que vous essayez d'enfoncer tout votre poids corporel dans la terre en dessous. Si vous êtes assis, plantez vos pieds et poussez-les vers l'extérieur, en engageant vos muscles des jambes. Cette mise à la terre intense fournit une entrée proprioceptive profonde, vous ancrant au moment présent et contrebalançant le besoin de fuir.

5. L'éclat acide. Le goût est un puissant outil de régulation immédiat. Gardez une boîte de bonbons intensément acides ou mentholés à proximité. Lorsque l'anxiété ou la frustration monte, mettez-en un dans votre bouche. L'intense saveur aigüe exige toute l'attention du cerveau, contournant la spirale émotionnelle. Cela force une réinitialisation mentale complète grâce à la forte stimulation sensorielle.

6. L'étreinte de soi. Croisez vos bras sur votre poitrine, amenez vos mains pour saisir les biceps ou les épaules opposés. Serrez doucement, puis fermement. Maintenez la pression pendant trois secondes, puis relâchez légèrement, en gardant le contact. Répétez cette pression et ce relâchement cinq fois. Cette pression profonde fournit des limites sûres et contenues et déclenche la libération d'ocytocine, une hormone de liaison et de calme.

7. Le scan externe 5-4-3-2-1. Regardez autour de la pièce. Nommez à voix haute : cinq choses que vous voyez (par exemple, la poussière sur l'étagère, le livre bleu). Quatre choses que vous pouvez toucher (par exemple, la texture de votre chemise, la douceur de la table). Trois choses que vous pouvez entendre (par exemple, l'horloge qui tic-tac, une voiture dehors). Deux choses que vous pouvez sentir. Une chose que vous pouvez goûter (ou le goût dans votre bouche). Cela oblige le cortex préfrontal à s'engager dans une observation simple, détournant votre attention du récit interne de danger.

Ce ne sont pas des mécanismes d'adaptation ; ce sont des outils physiologiques. Ils sont le bouton de réinitialisation d'accès rapide qui vous permet de sortir de l'instinct et de revenir à un parenting intentionnel et réactif.

COMMENT PERMETTRE DE PETITS ÉCHECS MAINTENANT EMPÊCHE LE PERFECTIONNISME PARALYSANT ET LA PEUR DU RISQUE PLUS TARD

Le perfectionnisme n'est pas une quête d'excellence. C'est un bouclier contre la honte. C'est la tentative désespérée du système nerveux anxieux de contrôler chaque variable parce qu'il perçoit les erreurs comme menaçantes pour la vie — ou au moins socialement fatales. Lorsqu'un enfant apprend tôt que sa valeur ou son acceptation est liée à une performance impeccable, il reçoit un manuel d'instructions pour l'anxiété chronique. Il cesse d'essayer de nouvelles choses. Il cesse de prendre des risques. Il apprend à choisir l'évitement (gel) plutôt que l'engagement (combat/fuite) au moment où le succès n'est pas garanti.

En tant que parents, nous avons peur de voir nos enfants lutter. Nous intervenons rapidement. Nous corrigeons les devoirs. Nous appelons l'enseignant. Nous nettoyons le désordre avant même qu'ils ne se rendent pleinement compte de la déception. Bien que cela semble être de l'amour sur le moment, cela envoie un message clair et destructeur : "Vous n'êtes pas assez compétent pour gérer cette déception, et je dois vous protéger de l'inconfort." Cela les prive de la chance de construire un chemin neural crucial : le chemin de la récupération.

La véritable confiance n'est pas de savoir que vous ne tomberez jamais ; c'est de savoir que vous pouvez vous relever lorsque vous tombez. C'est cela la compétence. La résilience se construit dans les petites fissures entre l'effort et le résultat. Nous devons délibérément permettre de petits échecs soutenus à se produire maintenant, alors que les enjeux sont faibles.

Laissez-les porter des vêtements dépareillés. Laissez-les oublier le petit projet scolaire. Laissez-les malcalculer le saut et trébucher. Lorsqu'ils expérimentent ces micro-échecs, leur système nerveux enregistre un choc, mais observe ensuite rapidement : "Attendez, j'ai échoué, et le monde ne s'est pas arrêté. Mon parent est encore ici, stable et calme. J'ai survécu."

Lorsque l'échec se produit, votre rôle change complètement. Vous n'êtes pas un réparateur. Vous êtes un témoin stable. Vous vous régulez d'abord, puis offrez de l'empathie pour leur déception. "Wow, cela semble vraiment frustrant quand vous avez passé tant de temps dessus." Attendez qu'ils identifient la prochaine étape. Ne proposez pas immédiatement la solution. La clé est de les aider à traiter le sentiment d'échec (l'activation du système nerveux) et ensuite à les responsabiliser pour essayer une nouvelle stratégie (l'action compétente).

L'apprentissage se trouve dans la récupération, le pivot et l'essai, pas dans le résultat initial. Chaque petit échec qu'ils traversent aujourd'hui est une police d'assurance contre la peur paralysante du risque demain. Nous ne visons pas à avoir des enfants parfaits ; nous visons à avoir des humains compétents qui voient les erreurs non pas comme des accusations de leur valeur, mais comme des points de données sur le chemin de la maîtrise. Donnez-leur l'espace pour être imparfaits. Offrez-leur le cadeau de leur propre lutte. C'est le fondement de leur force future.

CHAPTER SEVEN

CHAOS EXTERNE, CALME INTERNE : DÉPLOYER VOTRE NOUVEAU SYSTÈME DE RÉGULATION CONTRE LE TEMPS D'ÉCRAN, LA PRESSION SOCIALE ET LA CULTURE DE LA COMPARAISON

VOUS AVEZ EFFECTUÉ LE TRAVAIL LE PLUS PROFOND. VOUS AVEZ MAÎtrisé la pause. Vous avez appris à parler paix. Vous avez découvert le câblage caché des réactions défensives de votre enfant.

Maintenant, vient le test ultime : déployer ce système de régulation interne contre le monde moderne implacable, amplifié et hautement stimulant.

Le paysage devant votre porte d'entrée n'est pas conçu pour le calme. Il est conçu pour l'activation. Il est fait pour maintenir le système nerveux humain dans un état d'alerte légère et chronique. Réfléchissez-y :

Le temps d'écran offre des montées de dopamine et des motifs lumineux clignotants, deux stress immédiats.

La pression sociale exige conformité et performance, activant une peur profonde du rejet.

La culture de la comparaison assure une insatisfaction perpétuelle, alimentant l'état d'esprit de rareté qui alimente l'anxiété.

Ce ne sont pas simplement des inquiétudes abstraites. Ce sont des entrées lourdes qui inondent constamment les systèmes physiologiques de votre enfant (et des vôtres). Ce sont des stimulants qui empêchent le nerf vagal de se reposer dans cet état doux et régulé de connexion et de paix.

La bonne nouvelle ? Vous ne pouvez pas arrêter le monde de tourner, mais vous pouvez construire un noyau stable et régulé au sein de votre famille qui agit comme un bouclier thermique contre la chaleur externe. Votre tâche principale passe maintenant de la stabilisation interne à l'ingénierie environnementale consciente.

Nous n'essayons plus d'éliminer le chaos — c'est impossible. Nous apprenons à exister à l'intérieur tout en restant organisés en interne. Nous enseignons à nos enfants comment filtrer le bruit, comment discerner ce qui leur appartient, et comment choisir consciemment le calme lorsque le monde exige une panique.

Ce chapitre concerne la traduction de votre calme intérieur en limites externes qui protègent la ressource la plus précieuse de votre famille : leur paix. Nous allons aborder la technologie, l'accomplissement et la vie sociale non pas à travers le prisme du jugement moral ou de règles strictes, mais à travers la science rigoureuse de la gestion de la stimulation. La question est toujours : Cette activité sert-elle la régulation ou entraîne-t-elle une dysrégulation ?

Lorsque vous répondez depuis cet endroit de sagesse régulée, les décisions deviennent incroyablement claires. Vous cessez de vous battre sur des règles arbitraires et commencez à protéger la sécurité physiologique. Et cela change tout.

LA STRATÉGIE DE L'ÉCRAN "ANTI-STIMULANT": ÉTABLIR DES LIMITES TECHNOLOGIQUES QUI RÉDUISENT RÉELLEMENT L'ANXIÉTÉ, PAS SEULEMENT LE CONFLIT

C'est peut-être le champ de bataille le plus chargé dans la

parentalité moderne. Vous ressentez la culpabilité si vous autorisez trop; vous ressentez l'anxiété du combat lorsque vous l'enlevez. Nous avons tendance à formuler le temps d'écran comme un problème éthique, un échec de volonté ou un signe de paresse. Nous nous obsédons sur les minutes regardées et le contenu consommé.

Nous devons changer complètement le cadre. La technologie n'est pas un échec moral; c'est un puissant stimulant du système nerveux, très efficace.

Le cerveau de votre enfant réagit à une vidéo à rythme rapide ou à un jeu compétitif de la même manière qu'il réagit à être poursuivi par un prédateur—avec une forte activation. La différence est qu'au lieu d'activer la réponse de lutte/fuite via l'adrénaline, les écrans déploient le système de récompense neurochimique le plus puissant : la dopamine.

Les coupes rapides, les récompenses immédiates et imprévisibles (notifications, likes, gagner un tour), les lumières vives—tout cela est conçu pour garder le système légèrement activé et très engagé. Cela donne au cerveau ce qu'il pense vouloir, rapidement et continuellement.

Cela est important car un enfant (ou un adulte) dont le système nerveux est perpétuellement trop stimulé ne peut pas effectuer une transition en douceur, ne peut pas tolérer l'ennui, et ne peut certainement pas s'autoréguler lorsqu'il est frustré. L'éruption épique que vous observez lorsque vous imposez une limite stricte n'est pas une lutte de pouvoir; c'est un retrait physiologique. C'est le corps qui crie parce que le goutte-à-goutte de dopamine a soudainement été coupé.

Le but des limites liées aux écrans, par conséquent, n'est pas d'atteindre un nombre magique de minutes. L'objectif est de réduire la stimulation chronique et de prioriser le temps de repos réparateur.

La Stratégie Anti-Stimulant redéfinit les limites en fonction de la régulation, et non des règles :

1. Le Protocole de Stop Dur

Ne laissez jamais les écrans immédiatement avant une transition clé qui nécessite régulation ou connexion. Cela inclut trente minutes avant le coucher, quinze minutes avant le dîner en famille, ou immédiatement avant les devoirs qui nécessitent une grande concentration. Votre enfant ne peut pas passer d'une hyper-activation à un sommeil profond ou à une connexion intime instantanément. Il ne le peut tout simplement pas. Les écrans doivent s'arrêter avant que le corps ait besoin de ralentir.

2. La Transition de Train d'Atterrissage

Une coupure brusque est un choc pour le système. Vous retirez essentiellement le plug de leur goutte-à-goutte neurologique. Nous avons besoin d'une transition, d'une descente douce, comme un avion déployant son train d'atterrissage.

Lorsque vous annoncez l'avertissement de cinq minutes, associez-le à une activité de régulation physique et sensorielle qu'ils doivent commencer immédiatement après.

Par exemple : "Cinq minutes de plus. Lorsque le minuteur sonne, vous mettrez l'appareil dans la station de charge et vous passerez dix minutes à faire des pompes contre le mur (travail lourd) avant de commencer votre lecture."

Cette activité de transition de dix minutes doit être non numérique et légèrement régulatrice. Elle doit être suffisamment ennuyeuse pour permettre au système nerveux de traiter le retrait, mais suffisamment engageante pour éviter une explosion immédiate. Des choix simples incluent boire un verre d'eau froide (entrée sensorielle), s'étirer, écouter de la musique instrumentale douce, ou travailler sur un ensemble Lego.

3. L'Audit de l'Environnement

Le temps d'écran se produit souvent lorsque l'enfant a besoin de traiter quelque chose de difficile ou lorsque le parent a besoin d'une pause. Cela est acceptable, mais nous devons nous assurer que l'environnement autour de l'utilisation de l'écran est réparateur.

Les écrans doivent être rangés dans une station de charge centrale et désignée, et non transportés ou autorisés dans la chambre. Les chambres sont faites pour le repos, la connexion, et le temps de repos réparateur. Lorsqu'un appareil est présent dans un endroit de repos, cela garantit que l'enfant reste dans un état d'alerte anticipatoire (attendant la prochaine notification ou impulsion).

4. L'Échange Sensoriel pour Dysrégulation

Si l'enfant est déjà dysrégulé après le temps d'écran (pleurer, irritable, opposant), ne parlez pas, ne négociez pas, et ne raisonnez pas. Leur cerveau pensant (cortex préfrontal) est complètement hors ligne. Utilisez les entrées sensorielles pour les ancrer.

Concentrez-vous sur les sensations physiques qui contrecarrent le bourdonnement numérique : pression forte (un gros câlin d'ours ou une couverture lestée), températures froides (tenir de la glace, boire de l'eau froide), ou mouvement physique intense (courir dehors pendant une minute). Vous donnez au corps des informations immédiates, réelles et fiables pour le sortir de la brume numérique.

Rappelez-vous, au moment où vous décidez qu'une limite d'écran concerne la protection du système nerveux de votre enfant—et de votre propre paix—les conversations deviennent plus faciles. Cela cesse d'être une bataille disciplinaire et devient une nécessité de santé. Vous leur apprenez que parfois, le choix le plus nourrissant est celui qui est le plus silencieux.

LES 4 PHRASES QUE VOTRE ENFANT DOIT ENTENDRE AVANT UN TEST OU UN ÉVÉNEMENT SOCIAL POUR SE SENTIR SÛR ET COMPÉTENT

Le monde contemporain exige des performances de nos enfants plus tôt et plus intensément que jamais. Nous voyons la pression se manifester par des symptômes physiques : des maux de ventre avant le grand test de maths, des maux de tête soudains avant l'événement social. Dans ces moments, le système nerveux de votre enfant crie, "Danger ! Je suis jugé !"

De nombreux parents essaient d'aider en disant des choses comme, "Il suffit d'avoir un A," ou "Ne m'embarrasse pas." Même des phrases bien intentionnées comme "Vous devez réussir !" sont interprétées par le cerveau de l'enfant comme une menace à la connexion. S'ils échouent, ils risquent de perdre votre amour, ou du moins c'est ce que croit le cerveau primitif.

Notre objectif n'est pas d'exiger l'excellence, mais d'offrir un filet de sécurité interne. Vos paroles doivent communiquer trois choses : acceptation inconditionnelle, compétence, et droit à la régulation.

Voici les quatre messages essentiels que chaque enfant doit entendre avant de faire face à une pression externe :

1. "Je suis tellement fier de l'effort que tu as fourni. C'est ce qui compte le plus."

Cette phrase déplace immédiatement l'accent du résultat (la note, la performance sociale parfaite) au processus (le temps d'étude, le courage d'essayer). L'effort est interne et contrôlable. Les résultats sont externes et souvent imprévisibles. Lorsque vous louez l'effort, vous récompensez le travail acharné et la détermination. Vous apprenez à l'enfant que sa valeur réside dans son engagement, pas dans son succès. Cela réduit immédiatement l'intensité de la réponse du système nerveux sympathique car les enjeux ne sont plus liés au jugement externe.

2. "Si ton ventre se sent tendu ou si tu te sens bloqué, souviens-toi de prendre une grande respiration. Tu peux faire une pause."

Ceci est une permission de réguler. Les situations de stress élevé déclenchent souvent la réponse de gel, faisant que l'enfant « oublie » ou se « ferme » socialement. En reconnaissant la sensation physique de l'anxiété ("le ventre se sent tendu"), vous validez leur expérience interne. Plus important encore, vous fournissez une stratégie de sortie claire et acceptable : la pause. Vous leur apprenez que réguler leur corps est plus important que de se précipiter vers une réponse. Cela les habilite à utiliser leurs propres outils de régulation, sachant que vous approuvez le temps que cela prend.

3. "Ceci n'est qu'une pratique. Nous faisons cela pour que tu puisses apprendre ce que tu sais et ce dont tu as besoin ensuite."

Le moyen le plus efficace de lutter contre la pression de 'L'Événement Important' est de le reformuler. Un test à enjeux élevés n'est que très rarement réellement à enjeux élevés. En l'appelant "pratique" ou "collecte d'information", vous en retirez sa qualité finale, jugée. Si un événement social ne se passe pas bien, c'est simplement une information sur la façon de naviguer le suivant. Cette perspective immunise l'enfant contre le perfectionnisme. Quand ils font une erreur, ils ne voient pas un échec ; ils voient un retour d'information. Cette reformulation cognitive garde le cortex préfrontal en ligne et accessible, même sous pression.

4. "Je fais confiance à ton cerveau, et je fais confiance à ton cœur. Va choisir le chemin qui te semble juste."

Ceci est le constructeur ultime de confiance, livré d'un lieu de régulation. Vous redonnez le contrôle à l'enfant—la chose même dans laquelle l'adulte régulé excelle. Vous leur dites, explicitement, qu'ils possèdent les ressources internes pour gérer la situation. « Je fais confiance à ton cerveau » valide leurs connaissances et leur logique. « Je fais confiance à ton cœur » valide leur intuition et leur navigation émotionnelle. Cette phrase est puissante car elle leur permet d'entrer dans la situation avec autorité, sachant que même s'ils font une erreur, vous soutenez leur processus de prise de décision.

En fournissant ces phrases, vous n'offrez pas simplement de l'encouragement ; vous co-régulez leur expérience, leur offrant une ancre interne de sécurité qui permet à leur compétence de briller. Vous les déplacez d'un état d'esprit de survie vers un état d'esprit d'épanouissement.

COMMENT CONSTRUIRE UN BOUCLIER INVISIBLE AUTOUR DE VOTRE FAMILLE QUI REPOUSSE LE PIÈGE DE LA COMPARAISON TOXIQUE

LE PIÈGE DE LA COMPARAISON EST PARTOUT. C'EST L'HARMONIE anxieuse de la vie moderne. Cela ressemble à une compétition incessante. Qui a la meilleure voiture ? L'enfant de qui est admis dans la meilleure école ? Qui planifie les activités les plus élitistes ?

Cette mesure constante déclenche un état chronique de menace à faible intensité. Cela dit à votre système nerveux, et à celui de votre enfant, que votre valeur est externe. Que vous n'êtes en sécurité que si vous êtes à la hauteur. C'est un fardeau réglementaire profond. Il est impossible de se sentir calme lorsque votre valeur dépend de la performance par rapport à la personne à côté de vous.

Le bouclier ne vise pas à isoler votre famille. Il s'agit de définir le succès de manière interne. Il s'agit de créer une couche épaisse et protectrice de valeurs partagées qui ne peut pas être percée par des mesures externes.

Vous devez arrêter de mesurer les mauvaises choses

Une note est une réalisation. C'est un résultat. Ce n'est pas une valeur. Une saison parfaite de football est un résultat. Cela ne mesure pas l'intégrité.

Nous devons décaler la célébration.

Lorsque vous vous concentrez uniquement sur la réalisation, vous enseignez à votre enfant que l'effort et le caractère—les parties qu'ils peuvent contrôler—sont sans importance par rapport au résultat—les parties qu'ils ne peuvent souvent pas contrôler.

Le bouclier est construit sur quatre piliers internes : Effort, Gentillesse, Curiosité et Intégrité.

Faites de ces piliers la monnaie de votre famille.

Lorsque votre enfant obtient un A, célébrez le temps qu'il a passé à étudier. Célébrez la persévérance. Lorsqu'il perd un match, célébrez le fair-play montré envers l'adversaire. Célébrez leur courage d'être simplement entré sur le terrain.

Cela signifie que vous devez ajuster votre langage.

Arrêtez les questions immédiates et anxieuses sur la performance. Arrêtez de demander : « As-tu gagné ? Quelle note as-tu eue au test ? »

Commencez à poser des questions : « Qu'as-tu appris aujourd'hui ? Te sens-tu défié ? As-tu aidé quelqu'un ? Qu'est-ce qui t'a fait rire ? »

Créez un Manifeste des Valeurs Familiales. Asseyez-vous ensemble. Demandez à vos enfants ce qui leur fait vraiment du bien à propos d'eux-mêmes. Pas la fierté d'un prix, mais un sentiment positif au fond d'eux. Est-ce aider un voisin ? Terminer un livre difficile ? Ranger leur lit sans qu'on leur demande ? Écrivez-les. Ce sont vos non-négociables.

Lorsque le bruit de la comparaison s'immisce—et cela arrivera—vous déployez le discours de protection.

Un enfant dit : « Sarah lit déjà des livres de chapitres et je suis toujours sur des livres faciles. »

Votre réponse régulée est : « C'est super pour Sarah. Nous célébrons sa joie. Mais dans cette famille, nous mesurons le succès par notre plaisir à vivre le parcours. Es-tu curieux ? Fais-tu de ton mieux ? Alors tu gagnes. »

Vous validez leur observation du monde extérieur, mais les recentrez immédiatement sur la définition interne de la compétence de votre famille.

Vous leur rappelez : Nous sommes une unité sûre et stable. Notre valeur est inhérente. Notre succès est mesuré par la qualité de notre caractère, pas la taille de notre portefeuille. Cette cohérence est ce qui construit le bouclier invisible. Cela permet à leur système nerveux de se détendre parce qu'ils savent qu'ils sont aimés, non pour ce qu'ils font, mais pour qui ils deviennent.

LE COÛT ÉTONNANT CACHÉ DE L'HYPER-PLANIFICATION : POURQUOI L'ENNUI EST LE MEILLEUR OUTIL POUR CONSTRUIRE LA RÉSILIENCE

On nous dit constamment que la mesure d'un bon parent est à quel point ils remplissent complètement le calendrier de leur enfant. Nous poursuivons les trophées sportifs, les moments de prodige musical, l'avantage académique. Nous planifions, nous conduisons, nous gérons.

Nous craignons que s'ils ne font quelque chose de productif, ils prennent du retard.

Mais ce rythme frénétique sabote activement la résilience que nous essayons de construire.

Considérez le système nerveux humain. Il est conçu pour osciller entre l'effort et le repos. Lorsque l'effort est incessant, le système reste coincé dans un état d'activation élevé. Les séances d'entraînement au football et le tutorat sont d'excellents outils, mais lorsqu'ils sont juxtaposés, le cerveau de l'enfant n'a jamais un moment pour traiter l'information. Il n'y a pas de temps de récupération.

Un enfant trop planifié est, par définition, un enfant trop activé. Il fonctionne sur l'énergie de l'anticipation perpétuelle et de la pression de performance. Il ne fera peut-être pas une crise à table, mais il porte un bourdonnement de stress chronique à faible niveau. Ce stress est le coût caché du calendrier parfait.

C'est ici que l'ennui devient notre plus grand outil.

L'ennui n'est pas un échec. L'ennui n'est pas l'absence d'activité ; c'est la présence d'une opportunité pour le soi d'apparaître.

Lorsqu'un enfant s'ennuie, il est forcé de regarder en lui-même. Il doit accéder à ses propres ressources internes. Il doit inventer. Il doit décider. Ils activent les parties de leur cerveau responsables de la fonction exécutive et de la résolution de problèmes, le tout sans délai externe ou entraîneur dictant l'action.

La capacité de créer sa propre source d'engagement est la pierre angulaire de la résilience psychologique.

Si nous fournissons constamment le divertissement, l'instruction ou la prochaine tâche, nous leur enseignons la dépendance aux entrées externes. Nous les formons à avoir besoin d'une stimulation constante pour réguler. C'est un chemin tout droit vers l'anxiété et la dépendance aux écrans.

Nous devons créer de l'espace.

L'espace est le fait de dégager intentionnellement du temps qui est indéfini et sans hâte. C'est le temps où vous êtes simplement avec votre enfant, sans faire quelque chose avec eux.

Une véritable connexion nécessite ces pauses. C'est dans le trajet calme, l'après-midi paresseux du dimanche ou les dix minutes après l'école lorsque rien n'est planifié que les conversations les plus profondes et les plus authentiques émergent souvent. Ces moments signalent la sécurité à vos deux systèmes nerveux. Ils communiquent : Nous avons assez de temps. Nous sommes suffisamment en sécurité pour ralentir.

Si vous souhaitez inoculer votre enfant contre les pressions du monde extérieur, retirez des éléments du calendrier. Offrez-leur le cadeau du temps. Offrez-leur le cadeau du silence. Offrez-leur le cadeau d'ennui véritable, pur et profondément important pour leur rétablissement et leur résilience.

CHAPTER EIGHT

LE PLAN POUR UNE PAIX DURABLE : COMMENT INSTALLER VOS NOUVELLES HABITUDES DU SYSTÈME NERVEUX POUR UNE RÉGULATION À VIE

VOUS AVEZ FAIT LE TRAVAIL. VOUS AVEZ IDENTIFIÉ VOS DÉCLENCHEURS. Vous avez compris le câblage caché de vos propres réponses. Vous avez pratiqué l'art de la pause. Vous avez réparé les moments de rupture.

Ceci est la dernière étape. C'est là que nous passons de la gestion de crise à une vie durable. Nous ne réparons plus seulement des problèmes ; nous construisons un tout nouveau système d'exploitation pour votre famille.

Le vrai changement durable ne vient pas de révisions dramatiques et non durables. Il vient de petites variations incessantes dans votre rythme quotidien. Il vient de l'incorporation de la conscience de votre système nerveux dans les moments ordinaires—la transition de la voiture à la cuisine, l'attente du café, le pliage du linge.

Votre corps est profondément résistant à la nouveauté. Il aime les schémas, même dysfonctionnels. Pour rendre ces nouvelles réponses régulées permanentes, nous devons les rendre plus faciles, plus automatiques et moins exigeantes sur le plan cognitif que les anciennes.

Pensez-y comme au tracé de nouvelles voies ferrées. Au début, les anciennes voies—les voies rapides, réactives et criantes—ont l'air beaucoup plus usées et tentantes. Mais avec une utilisation constante et douce, les nouvelles voies deviennent le parcours par défaut.

Ce chapitre est votre plan de maintenance à long terme. C'est le plan pour une vie où le calme est la norme, et non l'exception. C'est la promesse que l'effort que vous avez investi portera ses fruits, non seulement aujourd'hui, mais pour des décennies à venir.

Nous passons maintenant de la réparation à l'épanouissement. Nous passons de la survie à être pleinement présent. Ce nouveau chemin est plus calme, plus stable et infiniment plus joyeux. Rendre cette paix permanente.

LA MÉTHODE "PILOTE AUTOMATIQUE" : INTÉGRER LA RÉGULATION DANS VOTRE CAFÉ DU MATIN ET VOTRE ROUTINE AVANT DE DORMIR (CELA PREND 2 MINUTES)

La plupart des gens échouent dans l'auto-régulation parce qu'ils la considèrent comme une séance de yoga intensive de trente minutes qu'ils doivent caser. Cela crée de la résistance. La méthode Pilote Automatique contourne cette résistance en intégrant des micro-pratiques dans l'architecture existante, non négociable, de votre journée. Nous recherchons de petits points de contact cohérents qui signalent la sécurité à votre système nerveux. La cohérence l'emporte sur l'intensité à chaque fois. Une ancre de deux minutes, concentrée, est exponentiellement plus puissante qu'une séance de trente minutes manquée.

La clé est l'empilement d'habitudes. Trouvez une habitude que vous effectuez déjà sans y penser—comme préparer le café, vous brosser les dents ou vous asseoir à la table de la cuisine—et attachez-y un moment de régulation.

Calibration Matinale : Le Lien de Deux Minutes

Le but de la pratique matinale est d'établir une base de calme avant que les exigences de la journée ne vous entraînent dans la réactivité.

1. La Respiration Café (60 secondes) : Pendant que votre machine à café goutte ou que votre thé infuse, ne faites pas défiler votre téléphone. Au lieu de cela, restez immobile. Écoutez le son de la machine. Prenez trois profondes respirations lentes qui se concentrent uniquement sur l'odeur du café. Tenez la tasse chaude et remarquez la chaleur se répandre dans vos mains. Vous vous ancrez grâce à la chaleur et à l'odeur. C'est la pause la plus simple possible.

2. Alignement Vertical (30 secondes) : Avant de parler à votre enfant ou de regarder vos e-mails, tenez-vous bien droit. Enfoncez vos pieds fermement dans le sol. C'est un rappel physique que vous êtes ici, maintenant, et stable. Un corps régulé est un corps qui ressent la gravité. Remarquez la sensation de vous tenir debout.

3. L'Auto-Évaluation (30 secondes) : Lorsque vous vous lavez les mains ou le visage, regardez-vous dans les yeux. Offrez-vous un hochement de tête sincère et sans jugement. Dites intérieurement : "Je suis ici. Je suis capable." Ce petit moment de connexion avec soi-même ancre votre intention pour la journée.

Décharge du Soir : Libérer la Tension de la Journée

La routine du soir est cruciale pour empêcher le stress de la journée de déborder dans votre sommeil et de contaminer le point de départ du lendemain matin.

1. L'Ancre de Brosse à Dents (60 secondes) : En vous brossant les dents, concentrez-vous uniquement sur les sensations. Écoutez le vrombissement de la brosse. Ressentez la texture du dentifrice. Concentrez vos yeux sur le miroir. Cette activité banale devient un puissant moment sensoriel isolé qui détourne votre attention des ruminations mentales.

2. Pieds au Sol (60 secondes) : Lorsque vous vous asseyez ou vous allongez pour la première fois dans le lit, avant de prendre un livre ou d'allumer

la télévision, prenez une minute entière pour ressentir le poids de votre corps qui s'enfonce dans le matelas ou le sol. Nommez trois choses pour lesquelles vous êtes reconnaissant envers votre corps aujourd'hui (par exemple, mes mains ont cuisiné, mes jambes ont marché, ma voix a parlé). Cette douce connexion sensorielle signale au système nerveux que la menace est disparue et qu'il est sûr de se reposer.

Ce ne sont pas des extras optionnels ; ce sont des maintenances vitales. En tissant ces petits moments cohérents dans la tapisserie existante de votre vie, vous n'ajoutez pas une tâche — vous mettez à niveau votre système d'exploitation. Le pilote automatique est basé sur la répétition. Faites la petite chose de manière fiable, et le grand changement dans votre paix globale suivra. Votre système de régulation commencera à fonctionner silencieusement en arrière-plan, prêt à vous soutenir lorsque le chaos frappera inévitablement.

AVERTISSEMENT : LE PIÈGE SECRET DE PENSER QUE VOUS DEVEZ LE FAIRE SEUL (ET QUAND FAIRE APPEL AUX EXPERTS EN RÉGULATION)

C'est le secret qui maintient de nombreux parents brillants et aimants piégés dans des cycles sans fin de lutte : la croyance qu'ils doivent être les seuls architectes de la régulation émotionnelle de leur famille.

Nous sommes enseignés, implicitement ou explicitement, que demander de l'aide en matière de parentalité est une confession d'échec. Vous avez acheté le livre, vous avez appris la science, alors pourquoi êtes-vous encore en train d'éclater ? Pourquoi le calme ne tient-il pas ?

La vérité est simple : Vous êtes confronté à des systèmes qui ont des années, parfois des décennies, de programmation défensive ancrée. Parfois, le traumatisme historique, les peurs profondément enracinées ou les déséquilibres chimiques dans le cerveau sont trop profondément ancrés pour que l'auto-assistance seule suffise.

Nous devons normaliser le soutien. Nous devons reformuler la recherche d'aide professionnelle non pas comme un signe de défaite, mais comme un engagement envers l'excellence. Vous commissionnez un spécialiste pour aider à rénover le câblage fondamental de l'infrastructure émotionnelle de votre famille. C'est stratégique. C'est courageux.

Quand faire appel aux experts en régulation ?

Votre boîte à outils de régulation est conçue pour gérer le frottement quotidien de la vie de famille. Mais il y a des seuils spécifiques où une intervention spécialisée devient essentielle pour la sécurité et un changement durable.

1. Altération Fonctionnelle : Si le stress de votre famille interfère régulièrement avec la vie quotidienne—sommeil, assiduité scolaire, amitiés, ou votre capacité à fonctionner au travail—il est temps de demander de l'aide extérieure. Si l'anxiété est si intense qu'elle empêche l'enfant d'essayer de nouvelles choses ou cause de graves symptômes physiques (maux de tête, douleurs abdominales), cherchez une consultation immédiatement.

2. Intensité et Persistance : Vous appliquez les outils de régulation de manière constante depuis des semaines, et l'intensité ou la fréquence de la dysrégulation (la vôtre ou celle de votre enfant) ne diminue pas. Si les réactions émotionnelles de votre enfant semblent plus grandes, plus effrayantes ou plus fréquentes que ce qui est typique pour son âge, cette activation persistante de la zone rouge nécessite des conseils d'experts.

3. Le Parent est Épuisé : Si vous, le parent, vous sentez perpétuellement épuisé, émotionnellement engourdi ou que vous vous reposez sur des mécanismes d'adaptation qui commencent à vous nuire (alcoolisme excessif, isolement), il est temps de chercher votre propre thérapeute informé des traumatismes. Rappelez-vous, un adulte régulé est la condition préalable. Si votre réservoir est vide, aucune technique ne fonctionnera.

4. Comportements Inquiétants : Tout comportement qui franchit le seuil de l'automutilation, des idées suicidaires, une agression sévère envers autrui, ou une régression soudaine et drastique des jalons développementaux nécessite une évaluation professionnelle immédiate. Ce n'est pas un problème de parentalité ; c'est une urgence pour le système nerveux.

Quel type d'expert ?

Vous ne recherchez pas n'importe quel thérapeute. Vous recherchez un expert en régulation. Ce sont souvent des thérapeutes qui se spécialisent dans les pratiques somatiques (basées sur le corps), les soins informés par le traumatisme, et des modalités spécifiques comme la Théorie Polyvagale, l'EMDR ou le brainspotting. Pour les enfants, recherchez des thérapeutes spécialisés dans le jeu, des thérapeutes en arts expressifs, ou des spécialistes du comportement pédiatrique qui comprennent que le comportement est une communication, et non une défiance.

Demander du soutien n'est pas un détour sur votre chemin vers la paix ; c'est souvent le chemin le plus court et le plus direct. C'est le moment où vous arrêtez de porter le poids écrasant de tout le paysage émotionnel et permettez à quelqu'un de partager le fardeau.

Il n'y a aucune honte à nécessiter une assistance spécialisée pour guérir des blessures qui ont souvent été infligées bien avant la naissance de votre enfant. Votre décision de demander de l'aide protège la paix que vous avez tant œuvré à cultiver. Elle sécurise l'héritage de régulation que vous bâtissez pour votre famille.

VOTRE INTUITION RECONNECTÉE : COMMENT UN SYSTÈME NERVEUX PLUS CALME FAIT DE VOUS LE PARENT LE PLUS INTELLIGENT ET LE PLUS FIABLE DANS LA PIÈCE

Pendant si longtemps, vous avez été contraint d'externaliser votre sagesse.

Vous avez acheté les livres. Vous avez rejoint les forums. Vous avez cherché frénétiquement sur Google chaque éruption, chaque regard défiant, chaque soupir de votre adolescent. Chaque moment de parentalité semblait être un examen final à enjeux élevés, et vous cherchiez désespérément la clé de réponse ailleurs qu'en vous-même.

Pourquoi ?

Parce que l'anxiété est bruyante. La peur est une alarme insistante et exigeante qui crie : "DANGER ! AGISSEZ MAINTENANT !" Cet alarme —le système nerveux déséquilibré—étouffe le doux et constant bourdonnement de votre véritable intuition parentale. Vous ne pouviez pas vous entendre penser, encore moins vous faire confiance pour diriger.

Maintenant, les choses sont différentes.

Vous avez systématiquement choisi la pause. Vous vous êtes ancré dans un état vagal ventral. Vous avez construit une fondation solide. Que se passe-t-il lorsque l'alarme est enfin réduite au silence ?

Votre intuition se met en route.

L'intuition qui émerge d'un état régulé n'est pas la même que l'impulsion qui découle de la peur. L'impulsion basée sur la peur dit : Contrôlez-les. Criez plus fort. Punissez-les pour qu'ils apprennent. L'intuition régulée dit : Ralentissez. Regardez de plus près. Leur détresse n'est pas une menace ; c'est un signal.

C'est pourquoi un adulte régulé est le parent le plus intelligent dans la pièce. Non pas parce que vous avez mémorisé plus de termes de psychologie de l'enfant, mais parce que vous accédez à la partie la plus profonde et claire de votre propre intelligence.

Quand vous êtes calme, les réponses viennent.

Vous savez instinctivement quand pousser et quand reculer. Vous savez exactement quel type de limite votre enfant à forte volonté a besoin par rapport à la limite dont votre enfant sensible a besoin. Vous comprenez immédiatement que la crise est enracinée dans la fatigue, pas dans la défiance. Ce n'est pas un don magique ; c'est l'efficacité naturelle d'un système nerveux qui ne gaspille pas d'énergie à scanner le danger.

Faites confiance à la guidance silencieuse que vous avez découverte.

Votre voix intérieure n'est plus déformée par la panique. Elle est stable, spécifique et fiable. Arrêtez de chercher le gourou à l'extérieur. Vous êtes l'expert. Vous êtes le refuge sûr. Votre calme est la boussole.

Cette capacité à ressentir, plutôt qu'à deviner, est la récompense ultime du travail sur le système nerveux. C'est le changement final qui vous fait passer de la réaction à la réponse, et du doute de soi perpétuel à une confiance inébranlable. Vous êtes devenue le leader fiable que vos enfants savaient toujours que vous pouviez être.

LE BÉNÉFICE MULTI-GÉNÉRATIONNEL : COMMENT VOTRE DÉCISION AUJOURD'HUI CHANGE LE DESTIN ÉMOTIONNEL DE VOS PETITS-ENFANTS

Nous nous concentrons souvent sur l'immédiat. L'énergie frénétique du moment présent. Ai-je géré correctement la crise des devoirs ? Ai-je fixé la limite assez fermement ?

Mais le changement que vous avez opéré n'est pas une solution temporaire. C'est un agent de changement générationnel.

Vous ne régulez pas seulement vos enfants. Vous fermez un disjoncteur sur l'anxiété héritée. Vous décidez que les réponses au stress transmises par vos parents, et peut-être par les leurs—les colères rapides, les silences paralysés, l'inquiétude chronique—s'arrêtent ici. Elles s'arrêtent avec vous.

Le plus grand cadeau que vous pouvez transmettre n'est pas les frais de scolarité ou un héritage familial. C'est un système nerveux stable.

Vos enfants intègrent votre présence régulée comme la valeur par défaut de la vie familiale. Ils vous voient faire une pause avant de réagir. Ils vous observent nommer votre frustration sans l'exprimer. Ils vous voient réparer la connexion après un moment de rupture.

C'est la formation ultime en intelligence émotionnelle. C'est ainsi que la résilience se construit, brique par souffle.

Quand ils quittent la maison, ils ne porteront pas un sac plein de règles, mais un plan interne pour gérer le stress. Ils comprendront que des émotions intenses ne signifient pas urgence. Ils sauront que la sécurité est quelque chose qu'ils peuvent créer dans leur propre corps, et non quelque chose dont ils dépendent de la perfection extérieure.

Imaginez vos petits-enfants.

Ils seront élevés par des adultes qui savent comment accéder à leur propre calme. Ils seront témoins de parents qui communiquent des limites avec compassion et qui normalisent les fortes émotions. L'effort silencieux et constant que vous mettez à réguler vos propres réactions aujourd'hui signifie que vos petits-enfants grandiront avec moins de traumatismes hérités à démêler. Ils commenceront leur vie en opérant à partir d'une base de sécurité, et non de rareté.

Vous leur offrez une fondation de tolérance émotionnelle. Vous vous assurez que leur maison, construite par vos enfants, est définie par l'empathie et une connexion authentique.

Vous avez quitté le chemin par défaut de la vie réactive. Vous avez choisi de ressentir l'inconfort, de faire le dur travail intérieur. Ce choix est un cadeau monumental. C'est l'héritage de la force tranquille. C'est la promesse de paix émotionnelle pour les générations à venir. Vous avez changé leur destin.

POSTFACE

LA SEULE CHOSE DONT VOUS DEVEZ VOUS SOUVENIR LORSQUE LE CHAOS FRAPPERA À NOUVEAU (VALEUR : 1 997 $ EN THÉRAPIE)

Vous l'avez fait.

Vous avez traversé le chaos. Et vous avez trouvé le calme à l'intérieur.

Rappelez-vous, l'objectif n'a jamais été la perfection.

C'était la présence.

C'était devenir l'adulte régulé qui comprend que la véritable force réside dans la douceur.

Merci de m'avoir fait confiance pour ce voyage.

Maintenant, allez respirer.

Et profitez du calme que vous avez gagné.

www.ingramcontent.com/pod-product-compliance
Lightning Source LLC
LaVergne TN
LVHW022104071026
849580LV00014B/1971
* 9 7 9 8 2 9 5 6 3 7 2 1 6 *